JN347635

윌리엄 에임스의
기독교 신앙의 정수

The Substance of Christian Religion:
by William Ames

This Korean edition ⓒ 2024 by Word of Life Press, Seoul, Republic of Korea.
All rights reserved.

윌리엄 에임스의 기독교 신앙의 정수

ⓒ 생명의말씀사 2024

2024년 4월 19일 1판 1쇄 발행

펴낸이 | 김창영
펴낸곳 | 생명의말씀사

등록 | 1962. 1. 10. No.300-1962-1
주소 | 서울시 종로구 경희궁1길 6 (03176)
전화 | 02)738-6555(본사) · 02)3159-7979(영업)
팩스 | 02)739-3824(본사) · 080-022-8585(영업)

지은이 | 김홍만

기획편집 | 서정희, 서지연, 최은용
디자인 | 최종혜
인쇄 | 영진문원
제본 | 보경문화사

ISBN 978-89-04-02104-8 (03230)

저작권자의 허락 없이 이 책의 일부 또는 전체를
무단 복제, 전재, 발췌하면 저작권법에 의해 처벌을 받습니다.

윌리엄 에임스의
기독교 신앙의 정수

김홍만 편역

하이델베르크 요리문답서를 알기 쉽게
설명한 52주 기독교 교리 문답 설교

The Substance of Christian Religion

생명의말씀사

윌리엄 에임스
1576-1633

영국 청교도로서 화란 개혁교회의 아버지가 된 신학자이며,
화란 로테르담의 영국인 교회를 담임했고
도르트 신조 작성에 지대한 영향을 끼쳤다.

목차

서문 : 윌리엄 에임스의 생애와 저작　10

서론

| 1번째 주일 | 사람에게 영원한 행복과 기쁨은 무엇입니까?　18 |

1부　죄로 인한 인간의 비참함

2번째 주일	사람은 죄를 무엇으로 깨닫습니까?　26
3번째 주일	죄가 어떻게 세상에 들어왔습니까?　29
4번째 주일	누구에게 하나님의 심판이 임합니까?　34

2부　하나님의 은혜의 방식

5번째 주일	하나님이 그리스도를 보내신 이유는 무엇입니까?　40
6번째 주일	예수님은 하나님이신데 왜 사람이 되셨습니까?　45
7번째 주일	어떠한 믿음이 구원의 믿음입니까?　51
8번째 주일	하나님은 어떻게 삼위일체이십니까?　58
9번째 주일	하나님께서 어떻게 창조하셨으며, 어떻게 만물을 보존하십니까?　63
10번째 주일	하나님의 섭리는 무엇입니까?　70
11번째 주일	왜 그리스도만이 유일한 구주가 되십니까?　75

12번째 주일	그리스도의 3중적 직무는 무엇입니까?	79
13번째 주일	어떻게 그리스도는 하나님의 아들이십니까?	85
14번째 주일	어떻게 그리스도가 동정녀로부터 탄생하셨습니까?	89
15번째 주일	그리스도는 왜 고난을 받으셨습니까?	94
16번째 주일	그리스도는 왜 죽으셨습니까?	99
17번째 주일	그리스도는 왜 부활하셨습니까?	104
18번째 주일	그리스도는 어떻게 승천하시고 하늘 보좌에 등극하셨습니까?	109
19번째 주일	그리스도는 어떻게 재림하실 것입니까?	116
20번째 주일	성령은 누구이십니까?	124
21번째 주일	교회는 무엇입니까?	129
22번째 주일	몸의 부활은 어떻게 일어납니까?	133
23번째 주일	칭의는 무엇입니까?	139
24번째 주일	어떤 믿음이 의롭게 하는 믿음입니까?	144
25번째 주일	성례는 무엇입니까?	148
26, 27번째 주일	세례는 무엇입니까?	153
28, 29번째 주일	주의 성찬은 무엇입니까?	159
30번째 주일	성찬을 어떻게 시행하고 받습니까?	165
31, 32번째 주일	교회에는 어떠한 직무들이 있습니까?	171

3부   십계명

33번째 주일　　신자는 어떻게 계명을 지킵니까?　178
34번째 주일　　제1계명에서 명령하는 것은 무엇입니까?　185
35번째 주일　　제2계명에서 명령하는 것은 무엇입니까?　193
36번째 주일　　제3계명에서 명령하는 것은 무엇입니까?　198
37번째 주일　　제4계명에서 명령하는 것은 무엇입니까?　202
38번째 주일　　제5계명에서 명령하는 것은 무엇입니까?　209
39번째 주일　　제6계명에서 명령하는 것은 무엇입니까?　214
40번째 주일　　제7계명에서 명령하는 것은 무엇입니까?　218
41번째 주일　　제8계명에서 명령하는 것은 무엇입니까?　221
42번째 주일　　제9계명에서 명령하는 것은 무엇입니까?　225
43번째 주일　　제10계명에서 명령하는 것은 무엇입니까?　228

4부   주기도문

44번째 주일   신자는 어떻게 기도해야 합니까?   234
45번째 주일   주기도문의 서문은 무엇을 의미합니까?   239
46번째 주일   주기도문의 첫째 간구는 무엇을 구하는 것입니까?   244
47번째 주일   주기도문의 둘째 간구는 무엇을 구하는 것입니까?   249
48번째 주일   주기도문의 셋째 간구는 무엇을 구하는 것입니까?   254
49번째 주일   주기도문의 넷째 간구는 무엇을 구하는 것입니까?   258
50번째 주일   주기도문의 다섯째 간구는 무엇을 구하는 것입니까?   263
51번째 주일   주기도문의 여섯째 간구는 무엇을 구하는 것입니까?   268
52번째 주일   주기도문의 마지막에 있는 찬양은 무엇을 의미합니까?   273

서문 윌리엄 에임스의 생애와 저작

케임브리지 출신 청교도

윌리엄 에임스(William Ames, 1576-1633)는 영국 서포크 지방의 주요 도시인 입스위치에서 태어났다. 그는 청교도 신학의 중심인 케임브리지 대학교의 크라이스츠 대학(Christ's College)에 들어가면서 자연스럽게 청교도에 물들었다. 그 당시 케임브리지 대학에서는 토마스 카트라이트(Thomas Cartwright), 윌리엄 퍼킨스(William Perkins), 존 프레스톤(John Preston)과 같은 청교도의 거장들이 가르치고 설교했기 때문에 자연스럽게 이들의 영향을 받았다. 에임스는 특별히 윌리엄 퍼킨스의 영향 아래에서 회심했으며, 그의 영향을 많이 받았다. 1598년 크라이스츠 대학에서 문학사 학위를 받았으며, 1601년 문학 석사 학위를 받았다. 1601년부터 1610년까지 크라이스츠 대학에서 봉직했는데 처음에는 연구원으로 나중에는 교수로 있었다.

화란에서의 에임스

대주교 반크로프트(Bancroft)의 청교도에 대한 핍박이 시작되고 런던의 주교인 조지 아보트(George Abott)가 에임스에게 설교를 금지하는 명령을 내렸다. 1610년 에임스는 좀 더 자유로운 학문과 교회 분위기가 조성된 화란으로 떠났다. 에임스는 처음에는 화란의 로테르담(Rotterdam)으로 가서 로빈슨 목사(John Robinson, 1620년에 청교도를 이끌고 메이플라워호를 타고 아메리카 대륙으로 이주함)를 만났다. 그 당시 로빈슨 목사는 화란의 라이든에 피신한 영국인들이 세운 교회의 담임 목사였다. 윌리엄 에임스는 로테르담과 라이든에 잠시 머문 후에, 호레이스 경에 의해 그 당시 헤이그에 주둔하고 있었던 영국 군대의 군목이 되어 1611년에서 1619년까지 봉직했다. 이곳에서 에임스는 곧 교회에 위기를 가져올 알미니안주의에 관한 글을 썼다. 에임스는 알미니안주의의 전문가였기 때문에 1618-1619년에 도르트 종교회의(Dort Synod)의 회장인 요하네스 보거만(Johannes Bogerman)의 초청으로 그의 신학적 자문 역할과 비서직을 수행했다. 따라서 에임스는 청교도로서 도르트 종교회의에 상당한 영향을 미쳤다.

그는 1622년부터 프라네커 대학교(University of Franeker)에서 신학 교수직을 시작했다. 그리고 1626년 동 대학에서 박사 학위를 받음과 동시에 학장이 되었다. 에임스는 그가 프라네커에 있던 시기에 그의 두 번째 유명한 작품인 『양심의 힘과 사례들』(Conscience with the Power and Cases Thereof)을 저술했다. 그는 뉴잉글랜드 청교도 주지사인 존 윈스로프(John Winthrop)에게 편지를 보내어 그곳에 가고 싶다는 말을 전하고 그것을 위해 매일 기도한다고 말했다. 그러나 에임스는 뉴잉글랜드에 가지 못했다. 에임스는 프라네커 대학교를 청교도 대학으로 개혁하기 위해 큰 노력을 기울였다. 그러나 같은 대학의 교수인 요하네스 마코비우스(Johannes Maccovius)의 반대를 받았고 결국 건강상의 문제로 대학의 교수직을 사임했다.

1632년 윌리엄 에임스는 자신의 친구인 휴 피터(Hugh Peter)의 초청을 받아들여 로테르담 회중 교회의 협동 목사가 되었다. 에임스는 로테르담 교회를 청교도 대학으로 발전시키는 것을 목표로 하고 있었다. 그러나 1633년 10월에 마스 강이 범람했는데, 이때 윌리엄 에임스는 지독한 감기에 걸려 11월 11일에 폐렴으로 세상을 떠났다. 에임스가 죽고 나서 4년 후에 그의 아내와 자녀들은 뉴잉글랜드의 청교도 정착지인 매사추세츠 살렘으로 이주했다. 이때 그들은 에임스의 도서관을 옮겨갔는데 이는 이후 하버드 대학의 도서관을 형성했다.

뉴잉글랜드와 화란에서의 영향

윌리엄 에임스는 특별히 뉴잉글랜드의 청교도들에게 많은 영향을 미쳤다. 그래서 뉴잉글랜드 청교도들은 칼빈의 작품보다 에임스의 작품을 더 많이 인용했으며, 그의 『신학의 정수』(The Marrow of Theology)는 하버드 대학교의 교과서였다. 또한 그는 화란에 지대한 영향을 미쳤는데, 특히 알미니안주의를 물리치는 데 큰 역할을 담당했다. 개혁주의 경건 운동의 지도자이자 위트레흐트 대학교(Utrecht University) 교수인 기스베르투스 보에티우스(Gisbertus Voetius, 1589-1676)와 화란의 유명한 신학자 피터 반 마스트리히트(Peter Van Mastricht, 1630-1706)에게 상당한 영향을 주었다.

에임스의 주요 저서

에임스의 가장 대표적인 저서는 『신학의 정수』다. 이 책은 신학의 규칙과 실제에 대한 청교도의 대표작이며 칼빈의 『기독교 강요』에 견줄 만한 청교도 작품이기도 하다. 윌리엄 에임스의 친구였던 뉴잉글랜드 청교도인 토마스 후커는 이 책에 대해 평가하기를, 어떤 학자든 이 책을 완전히 이해하게 된다면 이 세상의 다른 신학책을 전혀 보지 않아도 성경에 대해 능통한 자로 보일 것이라고 했다.

케임브리지의 임마누엘 대학, 화란의 라이든 대학, 미국의 하버드 대학과 예일 대학의 학부 학생은 라틴어로 된 이 책을 반드시 읽어야 했으며, 조나단 에드워즈는 이 책에 상당히 빚졌다고 말했다. 이 책에서 에임스는 신학의 목적은 하나님에 대한 지식이 아니라 하나님 앞에서 순종의 삶이라고 말했다. 이 책은 언약 신학의 구조에서 신학과 윤리가 분리되지 않도록 잘 구성되어 있다.

그의 두 번째 대표적인 저서는 『양심의 힘과 사례들』인데, 그리스도인의 삶의 윤리에 관한 청교도의 대표적인 작품이다.

에임스의 세 번째 대표작은 본서인 『윌리엄 에임스의 기독교 신앙의 정수』(The Substance of Christian Religion)다. 이 작품은 에임스가 『하이델베르크 요리문답서』(Heidelberg Catechism, 1563)를 발전시킨 것이다. 1618년부터 그가 죽기 전인 1633년까지, 그는 신학교 학생들에게 교리와 신학을 가르치기 위해 이 책을 저술했는데, 설교 혹은 강의 형식을 갖되 교리 문답서(Catechism)의 기능을 하도록 52개의 문답으로 구성했다. 이 작품은 청교도인 에임스가 화란에 있으면서 『하이델베르크 요리문답서』를 청교도의 신학으로 완전히 새롭게 구성한 것이다. 『하이델베르크 요리문답서』는 교리를 가르치고 있기에 약간 딱딱할 수 있는데, 이 작품은 청교도 특유의 '성령의 유효한 역사'를 모든 조항에 삽입함으로써 체험적(experimental)으로 구성되었다.

이 시대에 『윌리엄 에임스의 기독교 신앙의 정수』가 가진 중요성은, 교리를 설교하거나 가르칠 때 철저히 성경의 귀납적 방식을 취한다는 것이다. 이는 청교도 시대에 흔히 볼 수 있는 방식이 아니다. 교리를 성경의 본문에 충실하게 설명하는 등 보통의 연역적 교리 문답서의 방법을 뛰어넘었다. 즉, 본서는 철저히 성경 신학의 구조로 되어 있지만, 그 내용에서는 교리를 체계적으로 설명하거나 논증한다. 더 나아가 설교의 각 교리에서 실제적인 적용을 함으로써 조직신학적인 교리 설명을 능가했다. 성경신학과 조직신학과 설교학을 통합하여 기독교의 기본 교리들을 설교한 것이다.

따라서 『윌리엄 에임스의 기독교 신앙의 정수』는 설교자에게는 교리 설교의 가장 좋은 교과서가 되며, 교리를 가르치는 자에게는 교리 문답서로서 가장 좋은 모범이 된다. 딱딱한 교리 내용의 전달에서 벗어나 실제적인 적용을 하기 때문이다. 또한 교리 문답서의 3대 구성 요소인 '사도신경, 십계명, 주기도문'에 대한 완전한 이해를 제공하여 성도들이 신앙의 주요 요소들을 알 수 있게 했다. 물론, 아직 그리스도를 모르는 자들에게 기독교의 본질을 알려 주는 전도적인 기능도 가지고 있다.

사우스웨스턴 리폼드 신학교(Southwestern Reformed Seminary)

김홍만 교수

서론

1번째 주일

사람에게 영원한 행복과 기쁨은 무엇입니까?

시편 4편 6-8절
여러 사람의 말이 우리에게 선을 보일 자 누구뇨 하오니 여호와여 주의 얼굴을 들어 우리에게 비추소서 주께서 내 마음에 두신 기쁨은 그들의 곡식과 새 포도주가 풍성할 때보다 더하니이다 내가 평안히 눕고 자기도 하리니 나를 안전히 살게 하시는 이는 오직 여호와이시니이다.

이 시편은 다윗의 모범을 통해 우리가 가장 큰 위험에 휩싸였을 때 어떻게 대처해야 하는지를 가르치는 것입니다. 여기에는 두 가지 작업이 수행됩니다. 첫째, 그는 임박한 위험을 물리치기 위해 기도합니다(1절). 둘째, 그는 마음을 강하게 하는 기도의 효과를 설명합니다. 6절부터 마지막 절까지 다윗은 그가 하나님을 신뢰함을 고백합니다. 다윗은 자신을 향하신 하나님의 은혜에 그의 최고의 행복을 두었습니다. 6절에서 그는 세상 사람들이 가진 행복은 사라지는 것이지만, 자신이 가진 행복은 매우 다르다는 것을 말합니다.

교리 1 우리는 가장 큰 행복을 전 생애에 걸쳐 추구해야 합니다.

인간의 가장 큰 행복에는 풍요로움과 충만함이 포함될 수 있지만, 그것은 이 땅의 불완전한 것일 뿐입니다. 영원한 것이야말로 진정한 행복이 될 수 있습니다. 그것은 최고의 선입니다.

1) 진정한 행복은 삶의 마지막에도 똑같아야 합니다. 사람들은 이 땅에서 자신을 위해 사는 것을 행복으로 삼지만, 그것은 이성 없는 짐승과 다를 바 없습니다. 이러한 행복을 추구하는 사람들은 자기 멋대로 살아갑니다.
2) 진정한 행복을 추구하려면 우리의 모든 행동이 그것에 의해 통제되어야 합니다. 배가 목적지에 이르기 위해서는 바람과 배를 바라보기만 하는 것이 아니라 키를 조종해야 하는 것과 같습니다.
3) 진정한 행복은 가장 탁월하고 가치 있는 것이므로 그것에 몰두해야 합니다. 그러나 많은 사람이 사소한 일에 몰두합니다.

교리 2 인간의 최고의 선과 행복은 현세의 재물에서 찾을 수 없습니다.

6절에서 세상 사람들은 부와 명예, 명성과 권력으로 행복해질 수 있다고 생각합니다. 그러나 그것은 잘못된 것입니다.

1) 재물은 그 사람을 선하게 만들지 못하므로 그를 행복하게 할 수 없습니다. 악한 사람들은 재물이 자신을 선하게 만들 수 있다고 생각하지만, 그렇지 않습니다.
2) 재물은 종종 죄와 불행의 도구이자 수단입니다.
3) 재물은 가장 중요하고 완벽한 선이 될 수 없습니다.
4) 재물은 사람의 영혼을 온전하게 할 수 없습니다.
5) 재물에 마음을 두지 않는 것이 사람의 미덕과 온전함인 경우가 많습니다. 가장 훌륭하고 완전한 사람은 이러한 외적인 것과 세상적인 재물을 최소한으로 고려하는 사람입니다.

그러므로 재화를 최고로 여기면서 자신의 참되고 유일한 행복을 그것에 두는 사람은 책망받아야 합니다.

교리 3 참된 최고의 선은 하나님과 맺는 연합과 친교에 있습니다.

시편 4편 6절에서 다윗은 "여호와여 주의 얼굴을 들어 우리에게 비추소서"라고 기도합니다. 하나님이 우리의 참된 최고의 선이라는 것입니다. 여기에는 언약의 개념이 들어 있습니다. 하나님은 우리의 하나님이시고 우리는 하나님의 백성으로서 하나님과의 교제가 곧 우리의 행복입니다. 우리의 축복은 하나님과의 교제이며, 이는 그리스도를 통해 얻습니다.

1) 우리의 영혼에 진정한 평안을 가져다주는 것은 하나님과의 교제 외에는 없습니다. 하나님과 교제할 때 우리의 영혼은 온전히 만족함을 얻습니다(시 65:4; 시 84:4-6). 세상의 어떤 것도 우리 영혼에 만족을 줄 수 없습니다.
2) 하나님이 우리의 처음이자 마지막 목적입니다. 인생이 완성에 이르려면 하나님께 인도되어 하나님이 우리의 목적이 되어야 합니다.
3) 사람들은 쾌락에 의존하고 그것으로 만족을 얻지만, 그 길은 망하는 것입니다.
4) 악에서 벗어나고 선에 참여하게 하는 것은 하나님과 그의 은혜를 구하는 것밖에 없습니다. 그 은혜에 참여하는 자들은 이 세상에서 어떤 일을 당하든지 참으로 축복받고 행복한 사람입니다.

교리 4 하나님과의 교제에서 얻는 기쁨은 다른 모든 것에서 얻을 수 있는 인간의 기쁨을 능가합니다.

1) 시편 4편 6절과 베드로전서 1장 8절에서 알 수 있듯이 세속적인 기쁨은 위조품이나 모조품이며, 진정한 것이 아닙니다.
2) 시편 103편에서 신실한 사람들은 하나님 안에서 기뻐한다고 말합니다. 세상적인 기쁨은 아침이나 저녁 이슬처럼 가볍게 내려 잠시 땅을 적시는 것과 같을 뿐입니다.
3) 세상적인 모든 기쁨은 사라집니다. 일시적이고 순간적이며, 종종 애통과 슬픔으로 끝납니다. 그러나 영적인 기쁨은 영원토록 지속합니다.
4) 세상의 기쁨은 이생의 수고와 고난, 더 나아가 양심의 공포와 괴로움에 의해 압도되고 중단되지만, 영적인 기쁨은 모든 고통을 극복하게 합니다(행 5:41; 약 1:2).

이 세상의 쾌락과 즐거움에 속지 말고 그것이 하나님을 찾는 일을 조금이라도 빼앗지 않도록 하십시오. 바울이 말한 것과 같이 이 세상의 고난은 우리가 하늘에서 바라는 영원한 영광의 중한 것을 이루게 합니다. 사람들은 경건의 실천이 슬프고 우울하다고 생각하지만, 성경은 그 반대로 말합니다(빌 4:4).

교리 5 이 기쁨과 이 위로는 신자들의 양심에 거룩한 안전함을 가져옵니다.

이는 8절이 말하는 내용입니다. 사도 바울도 로마서 8장 31절과 38-39절에서 이 안전함을 말합니다(롬 8:31-39). 우리는 두려워할 필요가 없습니다. 우리는 참된 믿음 가운데 하나님의 말씀을 아는 지식 안에 있으며, 항상 하나님의 보호하심을 의존하기 때문입니다. 8절에서 말하는 것처럼 오직 주만이 우리를 안전히 거하게 하십니다. 우리는 하나님의 이름을 부르고 하나님이 정하신 모든 수단을 부지런히 사용함으로써 확신을 가집니다.

1) 하나님은 신자들을 모든 악에서, 악의 쏘는 것에서 보호하십니다. 하나님은 능력이 많은 분이시기 때문입니다.
2) 하나님의 임재는 다른 모든 좋은 것을 가져옵니다.
3) 신자들에 대한 하나님의 선하심은 변하지 않습니다.

그러므로 우리는 본문에서 말씀하신 대로 하나님을 의지해야 합니다. 하나님을 의지하지 못하게 하는 모든 염려를 물리쳐야 합니다.

윌리엄 에임스의
기독교 신앙의 정수

1부

죄로 인한 인간의 비참함

2번째 주일

사람은
죄를 무엇으로 깨닫습니까?

로마서 7장 7절
그런즉 우리가 무슨 말을 하리요 율법이 죄냐 그럴 수 없느니라 율법으로 말미암지 않고는 내가 죄를 알지 못하였으니 곧 율법이 탐내지 말라 하지 아니하였더라면 내가 탐심을 알지 못하였으리라.

사도는 율법 아래 있는 자들과 은혜 아래 있는 자들의 상태가 어떻게 다른지 차이점을 제시합니다. 율법 아래에 있는 자들은 죽음에 이르는 열매를 맺습니다. 그러나 성령의 은혜 아래 있는 자들은 영생에 이르는 (율법에 대한) 새로운 순종으로 열매를 맺습니다(롬 6장). 바울은 거듭나지 않은 자는 율법을 지켜 행할 수 없지만, 거듭난 자는 율법을 지켜 행할 수 있으며, 율법은 없어지지 않는다는 논리를 폅니다. 바울은 이 논리에 대해 반론을 예상하고 7절에서 "율법이 죄입니까?"라는 질문을 합니다.

율법은 모든 이성적 피조물에 부과되었습니다. 하나님의 신성한 권위로 그들에게 부과된 것입니다. 이것이 하나님의 율법, 특별히 도덕법입니다. 따라서 죄는 하나님의 뜻을 범한 것이며 율법을 어긴 것입니다. 율법으로 우리는 죄에 대한 정확하고 실제적인 지식을 얻습니다. 더 나아가 죄는 가증한 것이며 반드시 피해야 한다는 것을 우리 양심이 결론짓습니다.

교리 1 인간의 본성은 눈이 멀어 죄와 사망에 완전히 빠졌지만 스스로 그것을 알 수 없습니다.

1) 사람의 눈과 빛인 마음과 양심이 이중적으로 부패했기 때문입니다. 개인적으로 자신을 올바로 판단할 수 있는 빛을 박탈당했습니다. 그래서 악을 선이라 하고 선을 악이라 부르는 비뚤어진 성향을 소유하고 있습니다. 눈이 없으면 아무것도 볼 수 없듯이 영혼의 눈도 그렇습니다.
2) 인간 전체가 특정한 영적 질병, 말하자면 술 취함과 무기력한 어리석음에 사로잡혀 있기에 올바른 것과 영적인 것을 느끼지 못합니다.
3) 우리는 죄에 둘러싸여 있어서 죄가 우리에게 자연스럽습니다. 죄에 익숙해져 있습니다. 따라서 죄를 볼 수 없습니다.

교리 2 죄를 볼 수 있으려면 하나님의 법을 알아야 합니다.

1) 하나님의 법은 우리 마음의 눈을 밝히기 때문입니다(시 19편).
2) 하나님의 법은 우리 삶의 규칙이며 우리 삶의 올바름과 잘못됨을 판단하는 시금석이 되기 때문입니다.
3) 하나님의 율법은 거울 앞에서 우리가 자신의 얼굴을 똑똑히 보는 것처럼 우리의 상태를 보여줍니다(약 1:23).

교리 3 율법을 모른다고 죄가 없는 것이 아닙니다.

1) 이방인들은 하나님의 법을 가지지 않았지만, 그들의 마음에 하나님의 법이 새겨져 있기에 양심이 그 마음에 새겨진 율법으로 죄를 고발했습니다.
2) 따라서 율법을 몰랐기 때문에 죄가 없다고 하나님 앞에서 핑계할 수 없습니다.

3) 다만 그들은 구체적인 율법의 지식이 없어서 자신에게 있는 많은 죄를 알지 못했습니다. 그들은 죄에 수반되는 영적 고통을 알지 못했고 실질적으로 죄를 몰랐기 때문에 하나님 앞에서 영적으로 겸손하지 않았습니다.

교리 4 하나님의 율법은 어떤 방식으로 우리의 죄를 보여줍니까?
1) 율법은 우리가 해야 할 우리의 의무와 하나님의 뜻을 보여줍니다.
2) 그 뜻을 어긴 우리의 잘못을 보여줍니다.
3) 율법은 우리에게 우리의 죄를 보여주며, 우리는 이 죄에 대한 형벌에 매여 있습니다.
4) 하나님의 율법은 형벌 자체를 보여줍니다.
5) 죄인들에게 율법은 위협을 줍니다. 그래서 하나님의 심판에서 벗어나거나 피할 수 있는 길을 찾게 합니다.

율법이 우리의 삶을 판단할 때, 우리는 우리 자신의 공상이나 천박한 사람들의 신조와 의견을 따르지 않고 오직 하나님의 법만을 따르게 됩니다. 또한, 우리는 하나님의 율법에 따라 우리의 삶을 시험합니다.

3번째 주일

죄가 어떻게
세상에 들어왔습니까?

로마서 5장 12절
그러므로 한 사람으로 말미암아 죄가 세상에 들어오고 죄로 말미암아 사망이 들어왔나니 이와 같이 모든 사람이 죄를 지었으므로 사망이 모든 사람에게 이르렀느니라.

이 구절에서 사도는 이전에 그가 예수 그리스도의 칭의에 관해 가르쳤던 교리를 설명합니다. 그는 우리 주 예수 그리스도의 그 은혜와 우리 육신의 첫 조상인 아담의 죄 사이에서 유사성을 비교합니다. 그 비교는 각각의 효능과 효과에 따라 진행됩니다. 비교 명제는 12절에 있으며, 그에 대한 답은 13-17절에서 설명합니다. 이 명제에서 아담은 이중 효과의 원인으로 제시됩니다. 그는 죄를 짓고 사망을 가져왔습니다. 즉, 모든 사람이 그 첫 번째 죄에서 아담과 맺은 결합으로 인해 아담 안에서 죄를 지었습니다.

교리 1 하나님의 창조가 아니라 인간의 결함으로 죄가 세상에 들어왔습니다.

로마서 5장 12절은 죄가 하나님이 아닌 한 사람에 의해 들어왔다고 말씀합니다.

1) 하나님은 사람을 자기 형상대로 정직하게 지으셨기 때문입니다. 하나님이 사람을 지으실 때 하나님의 본성을 그에게 주셨습니다. 하나님

1부 죄로 인한 인간의 비참함

은 자신의 모든 자질과 능력으로 사람을 만드셨습니다. 이것은 사람으로 하여금 하나님이 그들 마음에 새겨두신 율법을 지켜 행하여 축복을 받게 하려는 것이었습니다. 하나님은 이렇게 하나님의 형상으로 사람을 만드셨습니다.

2) 창조 때 하나님은 인간에게 율법을 규정하셨을 뿐 아니라 인간의 마음에 그것을 새기셨기 때문입니다. 이를 통해 인간은 자신의 올바름에 대한 가장 확실한 증거를 갖게 되었습니다. 그 증거로 인간은 하나님 앞에 흠 없이 살기 위한 충분하고 준비된 수단을 얻었습니다. 사람의 마음에 완전하고 순수하게 기록된 하나님의 율법은 마치 서판이나 책에 기록된 엄숙한 증언과 같아서 사람이 그것을 지킬 수 있습니다.

3) 하나님이 거기에 생명나무로 보증과 성례를 더하셨으니 이로써 마음에 기록된 율법의 언약이 외적으로 더욱 뚜렷하게 확정되었습니다. 인간이 율법을 지킴으로써 이 세상에서 그의 삶이 지속되고 그 후에 더 높은 천상의 축복의 자리로 승격될 것입니다. 반대로 그가 하나님의 뜻과 율법에서 떠날 경우 그는 죽음으로 위협받습니다.

4) 사람을 처음 창조하실 때부터 하나님은 죄의 원인이 아니셨기에 언제라도 하나님이 어떤 죄의 원인이 될 수 있다는 것은 결코 생각할 수 없습니다. 인간의 결함 외에는 다른 어떤 원인이 있을 수 없습니다. 하나님은 온전하심 그 자체이시기 때문에 결코 부족함이 있을 수 없습니다.

그러므로 우리가 행하거나 겪는 모든 악은 하나님에게서 오는 것이 아니라 우리 자신에게서 나옵니다.

교리 2 아담의 첫 번째 불순종을 통해 죄가 그의 모든 후손에게 전해졌습니다.

원죄를 부정하는 펠라기우스(Pelagius)가 가르치는 것처럼 죄는 모방을 통해서 일어난 것이 아니라 번식이나 자연 혈통을 통해서 일어났습니다. 만약 죄가 모방에 의해서만 이루어졌다면, 바울은 아담이 그의 모든 후손과 함께 죄를 지었다고 말했을 것입니다. 그러나 바울은 모든 사람이 아담 안에서 죄를 지었다고 말했습니다. 14절에서 그는 "아담의 범죄와 같은 죄를 짓지 아니한 자들까지도 사망이 왕 노릇 하였나니"라고 합니다. 아담을 본받아 같은 죄를 짓지 않은 자들 위에도 사망(그리고 죄)이 왕 노릇 했다고 분명히 말씀하는 것입니다. 그러므로 19절과 같이 아담의 불순종으로 말미암아 모든 사람이 죄인이 된 것입니다.

모든 인류에게 속한 혜택과 재능을 받는 데 있어 아담은 모든 사람의 위치와 인격을 짊어졌습니다. 그러므로 순종으로 보존하든지 불순종으로 그것들을 잃든지 간에 아담이 그들의 위치를 유지하는 것이 옳고 합리적입니다. 이 점에서 그는 모든 인류의 보증인입니다. 그래서 그가 한 일이 모든 사람에게 유효하게 되었습니다.

아담의 첫 번째 범죄는 부패를 낳았습니다. 이 부패는 일반적으로 '본성의 시듦, 죄의 씨앗' 또는 '우리 지체의 법, 육체의 법, 우리 안에 거하는 정욕과 죄'라고 불립니다. 그러나 가장 일반적으로는 '원죄'라고 합니다. 원죄는 처음부터 우리에게 달라붙어 있기 때문에 어떤 면에서 우리의 타락한 본성과 같이 우리에게 자연스럽습니다. 또한 그것은 다른 모든 죄의 근원이 됩니다. 이 부패는 무엇보다 원초적인 의의 박탈을 가져왔습니다. 의가 없으면 하나님에 의해 형벌이 가해집니다.

아담은 우리 육체의 조상이고 우리는 그의 후손이기 때문에 우리는 그의 원죄에 동참하며 그 죄와 사망의 상속자가 됩니다. 마찬가지로 우리는 믿음으로 그리스도께 연합되어 그와 함께 죽고 그와 함께 새 생명으로 일으킴을 받습니다(롬 6:4-5). 우리는 그리스도와 함께 그의 의와 영생의 상속자가 됩니다(롬 8:16-17). 이 교리를 '연방 우두머리 직분'(Federal Headship)이라고 합니다.

교리 3 이러한 타락이 모든 사람에게서 자연적으로 발견된다는 것은 성경에서 증명될 뿐 아니라 경험으로도 확인됩니다.

1) 모든 사람에게는 의지와 내적 욕구의 명백한 왜곡이 나타납니다. 판단력과 이해력의 왜곡도 마찬가지입니다. 그로 인해 많은 부끄러운 오류가 발생하여 선을 악으로 여기고 악을 선으로 여기게 됩니다.
2) 영혼의 우월하고 영적인 능력에 대항하여, 열등하고 동물적인 욕구의 반역이 모든 사람 안에 명백하게 있습니다. 육체의 모든 연약함과 허약함과 동요는 질병이나 다른 부분의 타락으로 인한 특정 부패에 원인이 있으며, 이는 영혼도 마찬가지입니다.
3) 모든 사람에게서 발견할 수 있는 것은 창조주 하나님에 대한 혐오나 하나님으로부터 등을 돌리려는 모습입니다. 인간은 본성에 따라 하늘을 우러러보며 하나님을 찾기보다는 짐승처럼 살아갑니다.
4) 참된 선함과 참된 악함을 분별하는 데 있어서, 본성 자체의 어떤 무감각함이 모든 사람에게 분명히 나타납니다. 외적인 감각의 결여가 신체의 큰 결함이자 결점인 것처럼, 영적 무감각과 둔감함은 우리의 기원부터 우리에게 달라붙은 명백한 결점이자 악입니다.

5) 우리의 경험은 사람이 참된 선함에 마음이 끌리는 것이 매우 어렵고 더디다는 것을 가르칩니다. 선한 일을 계획하고 그것을 신속히 행하는 것이 좋은 습관이지만, 그 반대는 악하고 부패한 습관입니다. 그런데 선한 일에 착수하는 것은 보통 느리고 힘듭니다.

6) 선을 행해야 한다는 것을 알고 있고 또 원하지만, 인간에게 그만큼 선을 행할 능력이 없다는 것은 분명한 사실입니다. 영적으로 움직일 능력이 없는 사람은 명백한 영적 질병에 걸린 것입니다. 다시 말해서, 우리의 자연적 상태나 동물적 상태에서 우리는 영적인 것과 참된 선함을 즐기지 않습니다.

그러므로 우리는 우리 안에 거하는 이 죄의 근원과 뿌리가 깨끗해지고 새로워지기를 바라야 합니다.

4번째 주일

누구에게
하나님의 심판이 임합니까?

에베소서 5장 6절
누구든지 헛된 말로 너희를 속이지 못하게 하라 이로 말미암아 하나님의 진노가 불순종의 아들들에게 임하나니.

이 구절에는 사도가 앞에서 언급한 죄에서 자신을 지킬 수 있도록 신자들을 설득하기 위해 노력한 주장이 포함되어 있습니다. 하나님의 진노가 죄를 쫓는 불순종의 자녀들에게 임할 것입니다. '하나님의 진노'는 하나님의 보복적인 공의로 이해할 수 있습니다. 이는 하나님의 공의에 따라 형벌을 내리시려는 하나님의 뜻입니다. 이 구절에서 '진노'는 다른 구절에서 종종 죽음, 고난, 가혹함, 뜨거운 분노 등으로 언급됩니다. 하나님의 진노는 하늘에서 내려와 마치 그물에 얽힌 것처럼 죄인들을 갑자기 쳐서 압도하기 때문에 사람들에게 '임한다'고 말합니다. 그러므로 그들은 결코 그것을 피할 수 없습니다. 이 진노는 불순종의 자녀들 또는 완고함의 자녀들에게 임합니다.

교리 1 불순종하는 사람들의 상태는 가장 절망적입니다. 왜냐하면 그들은 죄인일 뿐만 아니라 그들의 죄에 대해 완고하기 때문입니다.

이들의 상태는 매우 혐오스러우며, 가장 피해야 할 사람들로 성경에 언급되고 있습니다.

1) 이들은 죄에 대해 가장 비참한 종노릇을 합니다. 죄가 영적인 왕의 권세와 지배권을 그들 위에 행사하는 것입니다. 죄의 정욕이 그들에게 명하고 그들을 사로잡습니다.

2) 이런 사람들은 회개와 하나님의 나라와 구원에서 가장 멀리 있습니다. 회개는 주로 말씀과 성령의 설득을 통해 우리 마음을 죄에서 하나님께로 돌이키는 것입니다. 그러나 이러한 사람들의 완고함과 설득 불가능함은 회개하는 사람들의 기질과 정반대입니다. 그들은 하나님께로 돌이키도록 설득되지 않았을 뿐만 아니라 오히려 반대로 설득당했습니다. 그러므로 이들은 반역과 불순종의 자녀라고 불리는 것이 합당합니다. 치료할 수 없는 질병은 가장 치명적이며, 치료를 받으면 받을수록 더욱 악화될 뿐입니다. 이러한 종류의 사람들도 마찬가지입니다.

3) 이 사람들은 하나님께서 베푸시는 구원의 수단을 거스르며 자신들의 죄를 심각하게 증가시킵니다. 그들은 결코 회개와 믿음으로 나아오지 않습니다.

무엇보다도 우리는 이 완고함이나 반역을 조심해야 합니다. 또한 하나님이 특별히 우리를 부르신다는 것을 깨달을 때 즉시 우리의 마음을 하나님께 바치도록 주의를 기울여야 합니다.

교리 2 불순종의 자녀에게는 하나님의 무서운 진노가 반드시 임합니다.
이 사실은 성경의 여러 본문에서 말씀하고 있습니다. 히브리서 10장 27절과 요한계시록 6장 16-17절은 하나님의 진노가 무섭고 참을 수 없다고 증거합니다. 그래서 하나님의 진노를 소멸하는 불이라고도 합니다(히 12:29). 하나님의 진노는 가볍게 불을 일으키는 것이 아니라 무덤까지 불사르는 것입니다(신 32:22). 이러한 묘사는 하나님의 진노가 육체뿐만 아니라 영혼까지 철저하게 꿰뚫는다는 것을 의미합니다(홉 1:6). 그래서 성경의 여러 구절에서 진노는 심장을 꿰뚫고 소멸시키는 예리한 화살에 비유됩니다.

이는 현세에서나 내세에서나 마찬가지입니다. 신명기에 나오는 저주 목록이 여기에 속합니다(신 28장; 레 26:3-45). 하나님의 진노는 회개하지 않는 죄인에게 남아 있으며(요 3:36), 짧은 시간만이 아니라 영원토록 끝없이 지속됩니다. 죄인들이 그 의무를 어기는 범죄는 어떤 면에서 무한하고 끝이 없기 때문입니다. 그러므로 형벌은 끝이 없고 무한합니다. 단기간에 저지른 죄에 대해 끝없는 형벌이 가해지는 것을 이상하게 여겨서는 안 됩니다. 모든 죄인은 결코 스스로 빠져나와 끝낼 수 없는 잘못을 저질렀기 때문에 영원한 형벌을 받는 것이 마땅합니다.

1) 죄를 짓는 것은 영적인 상처를 입는 것입니다. 아무리 짧은 시간에 입은 상처라도 그 뒤에는 종종 오랜 상처의 흔적이 남고 때로는 끝없는 영원한 죽음이 남습니다.

2) 죄를 짓는 것은 영적 타락 또는 미끄러짐입니다. 한순간 미끄러져 타락하면 그로 인해 매우 오랫동안, 혹은 영원히 자신이 빠진 깊은 구덩이에 남아 있게 될 수 있습니다.

3) 죄를 짓는 것은 끈으로 묶는 것과 같습니다. 그 일의 특징은 빠르게 이루어질 수 있다는 점입니다. 그러나 그렇게 묶인 것은 풀거나 끊지

않는 한 영원히 묶인 채로 있습니다.

4) 죄인은 잠깐의 즐거움을 위해 미친 듯이 자신을 노예로 팔아 버립니다. 그러나 자신을 죄의 노예로 파는 거래의 효과는 영원합니다. 이것은 마치 등불을 끄는 것과 같습니다. 죄의 더러움에 빠진 죄인은 마음의 모든 빛을 꺼버립니다. 등불을 끄는 것은 순간이지만, 그로 인해 그 등불은 영원히 꺼진 상태로 남아 있습니다.

하나님의 무서운 진노와 노여움이 영원히 걸려 있는 상태에서 육신의 안위 속에 자신을 기쁘게 하는 자들은 정죄 아래에 있는 것입니다. 따라서 우리는 정죄 아래 있지 않도록 모든 주의를 기울여야 합니다. 하나님의 진노를 피하는 방법은 회개밖에 없습니다(마 3:8). 그러나 회개가 자신의 행동인 것처럼 생각해서는 안 됩니다. 회개는 하나님께서 회개의 은혜를 베풀어 주셔야 가능합니다. 그리스도는 다가올 하나님의 진노에서 우리를 건져 주실 유일한 분입니다(살전 1:10). 따라서 우리는 하나님의 은혜와 그리스도 예수에 대한 참된 믿음과 거짓 없는 회개로, 그리스도 예수 안에 있는 자비로 나아갈 때 참으로 하나님의 진노를 피합니다.

교리 3 죄의 면죄부와 하나님의 진노로부터 면책을 약속하는 모든 말은 헛된 것이며, 유혹하는 것입니다.

본문에서도 이것을 분명히 밝힙니다. 그들이 헛되다는 것은 이로써 분명해집니다. 그들은 확고한 진리를 가질 수 없습니다. 마귀는 우리의 첫 부모를 유혹할 때 "너희가 결코 죽지 아니하리라"(창 3:4)라고 면책을 약속했습니다. 그러나 본문의 가르침은 이러한 헛된 말을 논박합니다.

2부

하나님의 은혜의 방식

5번째 주일

하나님이 그리스도를 보내신 이유는 무엇입니까?

로마서 8장 3절
율법이 육신으로 말미암아 연약하여 할 수 없는 그것을 하나님은 하시나니 곧 죄로 말미암아 자기 아들을 죄 있는 육신의 모양으로 보내어 육신에 죄를 정하사.

이 구절에서 사도는 신자들이 그리스도에 의해 죄와 죽음에서 해방될 수 있는 이유를 설명합니다. 그것은 하나님께서 그리스도를 주셨기 때문이며, 이렇게 하신 이유는 우리의 궁핍함 때문이었습니다. 사도는 "우리가 죄와 죽음에서 구원을 받는 것이 필요했기 때문입니다"라고 말합니다. 하나님은 그리스도로 말미암아 그것을 행하셨으며, 이는 하나님의 뜻에 달려 있습니다. 하나님은 인류가 타락하여 완전히 멸망하지 않고 다시 회복되기를 원하셨습니다.

이것을 삼단논법으로 말하자면 다음과 같습니다. 타락한 인간은 그리스도 외에 다른 방법으로 회복될 수 없는데 하나님은 어떤 식으로든 회복되기를 원하셨기 때문에 그 길을 택하셔야 했습니다. 타락한 인간은 자신의 힘으로, 혹은 처음에 주신 율법을 지켜서 자신을 회복할 수 없습니다. 그리스도와 복음 외에는 율법만큼 완전하고 신성한 것은 없습니다. 그러나 율법으로는 사람이 회복될 수 없기에 그리스도를 주신 것입니다. 사도는 율법 자체의 결함이나 약점을 말하는 것이 아닙니다. 우리 육신의 타락에 원인이 있습니다.

교리 1 가련한 인간이 그 비참함에서 구출되어 영생으로 회복되는 것이 하나님의 뜻입니다.

이것은 사도에 의해 당연한 것으로 전제됩니다. 부분적으로는 하나님의 자비에서, 부분적으로는 그분의 지혜에서, 부분적으로는 그분의 능력에서, 부분적으로는 그분의 법령의 안정성에서 하나님은 비참한 사람들을 구원하시고 그의 은혜와 거저 주시는 자비의 영광을 나타내십니다 (엡 1:6).

하나님은 자신의 지혜로 비참한 인간을 도울 수 있는 최선의 방법을 아셨고, 따라서 그분의 지혜가 그 효과로 나타나는 것이 합당했습니다. 이것이 바로 사도가 어디에서나 가르친 내용입니다. 이것을 하나님의 지혜라고 부릅니다. 우리는 구원받을 방법이나 수단을 스스로 생각하거나 고안할 수 없습니다. 이것은 오직 하나님 자신의 자비와 지혜로 인한 것입니다.

성경에서 우리의 구속은 하나님의 은혜와 자비에 기인할 뿐만 아니라 그의 능력에 기인합니다. 마귀의 역사와 사망과 무덤의 결박을 끊고 죽은 자를 다시 살리며 그들을 인도하여 보호하는 것은 하나님의 능력입니다. 하나님께서 정하신 뜻의 불변성으로 인해 그분이 영원 전부터 택하시고 생명을 주신 그들을 죽음에서 구출하시는 것이 필요했습니다. 그러므로 우리는 하나님의 이 선하신 뜻을 바라보며 감사해야 합니다.

교리 2 율법은 비참한 사람들을 그들의 불행에서 구원할 수 없습니다.

이것은 본문이 충분히 말하고 있는 내용입니다.

1) 율법은 가련한 죄인에게 좋은 것을 약속하지 않고 오직 의인과 그것을 지키는 자에게만 약속하기 때문입니다.

2) 율법 그 자체로는 죄를 없애는 힘이 없고 단지 죄를 벌하는 힘만 있기 때문입니다.

3) 어떤 죄인도 율법을 성취할 수 없기 때문입니다. 이는 본문에서 말하는 것처럼 육신의 연약함 또는 육신적이고 타락한 인간의 무력함 때문입니다.

4) 죄는 율법으로부터 생명의 보상을 받을 모든 소망을 빼앗아가기 때문입니다. 그러므로 율법은 죽이는 법문, 곧 사망과 정죄의 직분자라고도 합니다(고후 3장).

자신의 행위를 신뢰하면서 선한 의도와 노력으로 구원을 찾으려는 교황주의자, 알미니안주의자, 재세례파의 주장은 오류입니다.

교리 3 어떤 죄인도 이 비참함에서 자신을 구원할 수 없습니다.

율법이 우리 육체의 연약함으로 인하여 우리를 구원할 수 없다면, 우리 자신도 같은 육체의 연약함으로 인하여 우리를 구원하지 못할 것입니다.

1) 채무자는 빚을 다 갚을 때까지 그 빚을 완전히 탕감할 수 없습니다.

2) 비록 아무도 죄를 지어 그의 첫 번째 빚을 더하지 않았지만, 그는 모든 일에서 더 이상 죄를 짓지 않고 그가 빚진 것을 갚아야만 하기 때문입니다. 그러므로 이런 방법으로는 그의 범법에 대해 속죄할 수 없습니다.

3) 사람이 자신이 창조된 온전한 상태로 자신을 보존할 수 없거나 보존하

지 않았다면, 이제 다시 회복할 수 있다고 합리적으로 생각할 수 없기 때문입니다.
4) 만일 그가 최초의 충절을 회복할 수 있다 해도, 그는 우리의 첫 번째 아버지가 그랬던 것처럼 그것을 다시 쉽게 잃을 것입니다.

그러므로 우리는 자기 자신과 자신의 힘을 신뢰하지 말고, 자신을 부인하며 전적으로 예수 그리스도 안에 있는 하나님의 은혜와 자비에 의존해야 합니다.

교리 4 하늘이나 땅에 있는 어떤 피조물도 비참한 인간을 죄와 죽음에서 구원할 수 없습니다.

율법 위에 있는 피조물은 없습니다. 이것이 본문에서 육신이 연약하다고 말하는 이유입니다.

1) 단순한 피조물은 그 자체로 하나님의 공의와 진리에 대한 죄의 보상이 될 수 없기 때문에 구속의 대가가 될 수 없습니다(마 16:26). 세상의 모든 썩어질 것과 금과 은으로 사람을 구속할 수 없습니다(벧전 1:18).
2) 인간이든 천사든 단순한 피조물은 그가 무엇을 하든지 자신을 위해 모든 것을 빚지고 있기 때문입니다.
3) 만일 우리가 단순한 피조물에 의해 구속되었다면 우리는 피조물의 종이 될 뿐이지 하나님의 종이 될 수는 없습니다. 우리는 피조물의 구속을 통해 자유하게 될 수 없습니다.
4) 하나님의 무한하고 영원한 진노를 피조물이 제거할 수 없습니다.

5) 육체적 부활과 영적 부활, 신의 성품에 참여하는 것, 영생, 순결한 아담의 행복을 능가하는 행복, 흔들리지 않는 왕국과 같은 것을(히 12:28) 피조물로부터 얻을 수 없습니다.

우리의 구원을 위해서 인간을 바라보거나 피조물을 의지해서는 안 됩니다. 우리는 하나님이 마련하신 구원의 방법이 무엇인가를 바라보아야 합니다.

6번째 주일

예수님은 하나님이신데
왜 사람이 되셨습니까?

디모데전서 3장 16절

크도다 경건의 비밀이여, 그렇지 않다 하는 이 없도다 그는 육신으로 나타난 바 되시고 영으로 의롭다 하심을 받으시고 천사들에게 보이시고 만국에서 전파되시고 세상에서 믿은 바 되시고 영광 가운데서 올려지셨느니라.

이 본문에는 사도가 디모데에게 하나님의 교회에서 사역할 것을 권면하는 내용이 포함되어 있습니다. 디모데는 가장 큰 신비인 경건의 비밀에 대해 부지런히 가르치며 근면함으로 주의를 기울여야 했습니다. 또 그는 교회의 경건을 위해 부지런히 수고해야 했습니다. 이 말씀에서 경건의 비밀이란, 복음의 본질입니다. 이는 육신으로 나타나신 하나님입니다.

교리 1 우리 주 예수 그리스도는 참 하나님이시며 참 사람이십니다.

이것은 예수님이 육신으로 오신 하나님이라는 것입니다. 그가 참 하나님이신 것은 다음과 같이 나타납니다.

1) 하나님의 이름이 '아버지'와 같은 절대적인 방식으로 그에게 주어진 것에서 나타납니다(사 9:6; 요 1:1; 롬 9:5; 요일 5:20).

2) '영원'과 같이 그에게 주어진 신성한 속성에서 나타납니다(요 1:1; 17:5;

3:21; 빌 4:13).

3) 그가 만드신 신성한 작품과 창조(골 1:16)와 만물을 유지하는 것(히 1:3)과 모든 종류의 기적으로부터 나타납니다.
4) 그의 말씀과 성례전 및 기타 신성한 규례에 권위를 부여하는 것처럼, 성경의 모든 곳에서 그에게 주어진 신성한 권위에서 나타납니다.
5) 그에게 드려야 하는 합당한 예배, 영예, 경배에서 나타납니다(히 1:8).
6) 사역자들이 성령의 능력을 통해 이 교리를 설교할 때 나타납니다.

우리의 중보자가 '참 하나님'이어야 하는 이유는 다음과 같습니다. 첫째, 하나님의 진노의 무게를 견디고 우리의 구속과 구원을 완전하게 하는 신성한 의무를 수행할 수 있기 때문입니다. 둘째, 우리를 대신하여 수행할 중보의 일이 그의 인격으로부터 신성한 덕과 가치를 가질 수 있기 때문입니다.

또한 우리의 중보자가 '참 사람'이어야 하는 이유는 다음과 같습니다. 첫째, 인간의 구속에 필요한 모든 일을 고난을 받고 행하기에 합당하기 때문입니다. 고난을 받는 것은 신성한 본성 아래에 있습니다. 둘째, 피흘림과 죽음이 없이는 죄 사함도 구속도 없기 때문입니다(히 9:22). 셋째, 우리 구속의 모든 비밀과 신성 자체가 어떤 식으로든 우리에게 친숙해져서 우리의 눈으로 보고 우리의 귀로 듣고 우리의 손으로 만질 수 있게 하려는 것입니다(요일 1:1, 2).

그러므로 그리스도의 신성과 인성에 대한 올바르고 순수한 믿음을 마음과 입의 고백에 항상 간직하도록 하십시오. 참된 믿음으로 그리스도께 접붙여진 사람들은 신의 성품에 참여하게 됩니다(벧후 1:4). 따라서 우리는 이 신비에 대한 묵상과 연구에 힘써야 합니다. 빛나는 그리스도 안에 있는 하나님의 사랑이 우리의 마음을 굳게 하여 하나님과 그리스도의 이름을 영광스럽게 하는 데 도전을 줍니다.

교리 2 하나님의 본성과 인간의 본성이 그리스도 안에서 하나로 결합되었습니다.

이것은 신성과 인성의 결합을 가리키는 것으로, 그리스도의 성육신이라고 부릅니다. 두 본성이 함께 있는 것을 인격적 결합이라고 하는데, 이는 두 본성이 한 인격 안에서 함께 결합되어 있기 때문입니다. 이것은 그리스도의 신격화(Deification)라고 부를 수 없습니다. 신성한 위격은 영원 전부터 존재하셨고 시간 속에서 인간의 본성을 취하셨기 때문입니다. 따라서 신성이 인간의 본성을 취한 것입니다(요 1:14).

1) 그리스도의 중보적 행위는 인성과 신성이 모두 있어야 하고, 그의 모든 행위는 행위하는 원칙에 따라 인격에 속한 것이기 때문입니다. 그러므로 신성과 인성이 한 인격 안에 함께 존재해야 합니다.
2) 신성과 인성의 이 연합은 모든 연합 중에서 가장 친밀하고 가장 숭고한 연합이 되어야 합니다.
3) 인간의 본성에 따라 적절하게 일치된 그리스도의 중보적 순종과 수난의 본질적인 가치는 또한 신적이어야 합니다. 인간의 본성은 신성한 본성 또는 인격 안에서 존속하고 유지되어야 합니다.

그리스도의 인격에 대한 우리의 믿음을 확립하기 위해, 여기서 우리는 본성의 혼란이나 어떤 종류의 위격의 증가를 상상하지 않습니다. 두 본성이 하나의 단일 위격, 즉 기독교 신앙의 기본 원리인 삼위일체의 두 번째 위격으로 결합된 것입니다. 따라서 우리의 가장 큰 행복이 되는 하나님과의 연합과 친교를 추구할 때, 우리는 전적으로 위에 계신 그리스도를 바라봅니다. 거기에만 하나님과 사람 사이의 연합의 확실하고 명백한 기초가 있기 때문입니다. 바로 이 점에서 그리스도는 참 진리요, 생명이라 불리는 것입니다. 그리스도는 인간과 하나님의 가장 참되고 높은 결합으로 인해 길이 되시기 때문입니다. 이 결합을 통해 우리는 영원한 생명에 도달할 수 있습니다.

교리 3 그리스도 안에 있는 신성과 인간의 본성에 관한 이 교리는 가장 신성한 신비입니다.

1) 우리는 이것을 신비라고 부릅니다. 이것은 신적 지혜이며(고전 2:6-7; 고후 4:7), 이 지혜는 감추어져 있어서 사람의 감각 능력이나 이해 능력을 벗어난 것이기 때문입니다(고전 2:7-10). 그래서 이것을 심오하다고 말합니다(엡 3:8-9).
2) 그것은 오랜 세월 동안 특정한 베일 아래에서 희미하게 계시되었기 때문입니다(고후 3:14).
3) 우리는 지금 아주 작고 불완전한 부분만 이해합니다(고전 13:12). 우리의 죄로 인해 우리의 지식이 어두워지고 줄어들었기 때문에 수수께끼처럼만 압니다. 이 진리는 그 자체의 깊이에 속합니다.

그러므로 우리는 이 신비를 인간 이성의 헛된 추측으로 이해하려는 시도를 허용해서는 안 됩니다. 그 안에 이성에 어긋나는 것은 없지만, 이성과 인간 정신의 능력을 넘어서는 많은 것이 들어 있기 때문입니다. 따라서 우리는 하나님을 인정하는 지혜와 계시의 영을 하나님께 구해야 합니다. 우리 마음의 눈이 밝아져 구원에 이르는 데 필요한 만큼 이 비밀을 깨닫고, 하나님의 이름을 영화롭게 해야 합니다(엡 1:17-18). 또한 말씀의 사역자들은 모든 경건함과 신실함으로 그들이 맡은 일을 행해야 합니다(고전 4:1).

교리 4 모든 참된 경건은 이 비밀을 믿는 데 달려 있으므로 이 믿음이 없이는 참되고 견고하거나 경건할 수 없습니다.

참된 경건이 결합되지 않는 한, 이 믿음은 참되고 견고할 수 없습니다. 이것은 경건의 비밀이라는 칭호에서 온 것인데, 경건은 이 믿음으로 인해 강화되기도 하고 약화되기도 하기 때문입니다.

1) 이 신비 안에 하나님의 가장 큰 선하심과 은총과 자비와 사랑이 나타나기 때문입니다. 그것들이 바르게 받아들여질 때, 우리 마음을 일깨워 하나님을 경배하고 사랑하며 그분을 기쁘시게 하려는 마음과 열심이 일어날 것입니다.
2) 이 신비 안에는 사람이 거듭나서 하나님과 그리스도께 합당하게 살게 하는 공로와 효능과 능력이 포함되어 있습니다. 즉, 경건하게 합니다.
3) 우리는 그리스도 안에서 모든 경건의 가장 완전한 본을 가졌고 또 그것과 함께 가장 완전한 교리를 가졌습니다. 그러므로 경건의 교리라고 일컫는 것입니다.

이 큰 비밀을 믿는다고 고백하는 자들에게는 경건이 나타나야 합니다. 그렇지 않고 불경건하다면, 그 비밀을 모독하는 것입니다.

7번째 주일

어떠한 믿음이 구원의 믿음입니까?

사도행전 16장 31절
이르되 주 예수를 믿으라 그리하면 너와 네 집이 구원을 받으리라 하고.

이 본문에는 구원받는 방법에 대해 물은 간수의 질문에 바울과 실라가 대답한 내용이 실려 있습니다. 구원을 얻기 위해 절대적으로 필요한 것은 우리 주 예수 그리스도에 대한 믿음이며, 그 확실한 효과가 구원이라는 것을 말하고 있습니다.

교리 1 모든 사람이 그리스도에 의해 구원받는 것이 아니라, 오직 믿음으로 그리스도와 결합하고 접붙여진 사람만이 구원을 받습니다.

구원받는 방법에 주의를 기울이는 사람은 그리스도께 나아가 그분을 믿게 되고, 이 믿음으로 그분과 연합하여 구원받게 된다는 것이 이 본문의 내용입니다.

1) 그리스도 안에는 모든 사람을 구원하기에 충분하고 풍성한 은혜가 있습니다. 그러나 이것은 당사자에게 실제로 적용되어야 합니다.
2) 첫째 아담의 후손들에게는 의와 생명이 없습니다. 그런데 둘째 아담인 그리스도께 의와 생명이 있기에 우리는 그리스도께 접붙임을 받아

2부 하나님의 은혜의 방식

야 의와 생명을 얻을 수 있습니다. 이렇게 접붙임을 받기 위해서는 성령께서 믿음을 일으키셔야 합니다. 그래야 그 믿음으로 그리스도께 갈 수 있습니다. 성령의 적용으로 그리스도와 결합이 이루어지는 것입니다.

그러므로 그리스도를 믿으려면 우리에게 구원을 얻기 위한 갈망이 있어야 하며, 그리스도 안에 의와 생명이 있다는 것을 알아야 합니다. 그리고 이것을 알게 하시는 이가 성령이십니다.

교리 2 믿음은 우리를 그리스도와 결합하고 접붙여지게 하는 끈입니다.

이 교리는 본문의 '믿는다'는 말에 표현되어 있습니다. 우리가 하나님과 그리스도와 결합하는 데 필요한 세 가지 연합의 끈이 있습니다. 바로 성령, 믿음, 사랑입니다. '성령'은 그리스도께서 우리를 붙드시고 우리를 자신에게 묶는 끈입니다. '믿음'은 우리가 그리스도를 붙들고 그를 우리 자신에게 적용시키는 끈입니다. 그것은 항상 성령의 영향으로 일어납니다. '사랑'은 우리 자신을 온전히 그리스도께 바치고 그분의 뜻에 우리 자신을 헌신하는 완전의 끈입니다. 그리고 그것은 믿음의 효과입니다.

믿음은 우리가 그리스도를 붙잡는 첫 번째 끈입니다. 믿음의 결과는 성령의 역사에 따른 것으로, 믿음은 하나님의 영의 선물이라고 불립니다. 믿음은 구원에서 사랑이나 소망보다 앞서 있습니다.

1) 믿음의 고유한 본질은 구원에 필요한 좋은 것을 붙잡고 받는 영적인 자녀이기 때문입니다(요 1:12).

2) 그리스도를 영접하는 믿음은 또한 그리스도 안에서 생명을 얻기 때문입니다. 믿음은 우리의 영적 삶의 원리입니다. 사도의 말씀에, 의인은 믿음으로 말미암아 살리라고 했습니다(갈 3:11).

3) 그리스도는 복음의 약속 외에는 우리에게 구원을 제시하지 않기 때문입니다. 따라서 믿음을 얻는 것이 우리에게 필요합니다.

그러므로 무엇보다도 우리는 참된 믿음을 얻고 유지하며 증가시켜야 합니다.

교리 3 의롭게 하는 믿음의 적절한 대상은 의와 생명을 위해 복음에서 제시하는 예수 그리스도이십니다.

예수 그리스도 안에서, 예수 그리스도를 통한 하나님의 자비는 복음의 약속에 포함된 것입니다. 우리는 성령께서 주신 영적 이해력을 가지고 그 약속을 얻기 위해 그리스도를 바라보며 그리스도께 나아가는 것입니다.

1) 그리스도만이 우리의 의와 구속이시기 때문입니다. 우리의 칭의는 이 의와 구속의 적용에 있습니다. 그러므로 믿음으로 그리스도를 바라보고 적용할 때 의롭게 됩니다.

2) 그리스도 안에서 죄에 대해 죽었음을 믿는 것이 그리스도에 대한 믿음입니다.

3) 믿음으로 그리스도를 바라보지 않는 것은 진정한 믿음이 아닙니다.

우리는 항상 우리 믿음의 눈을 그리스도께, 또는 그분 안에 있는 하나님의 은혜와 자비에 두어 그분으로부터 의와 구원을 받을 수 있습니다.

교리 4 **의롭게 하는 구원의 믿음은 지식에 있는 것이 아니라, 확실하고 견고하며 바른 충성 또는 신뢰에 있습니다.**

의롭게 하는 믿음은 믿음의 체험이자 열매입니다. 우리를 의롭게 하는 것은 약속의 신뢰가 아닙니다. 이 구절에서 믿음의 대상은 지적이거나 논리적인 진리 그 자체가 아니라 실제적인 마음입니다. 믿음은 어떤 도움도 받지 못하고 절망에 빠져 있던 사람의 마음을 버팀목이신 그리스도께 가져가게 합니다. 그분에 의해 믿음이 유지될 수 있습니다. 이것은 본문의 "주 예수를 믿으라"는 말에 암시되어 있습니다.

여기에서 믿음이란, 희망과 의지의 확신에 찬 기대감을 말하는 것이 아닙니다. 믿음은 의지나 마음의 행위를 의미하며, 선택이라고도 말합니다. 이것에 의해 우리는 그리스도를 의지하고, 그에게서 안식하고, 적합하고 충분한 중보자이신 그를 붙잡습니다(요 6장). 이 믿음은 지식이나 동의로 확인되는 것이 아닙니다. 지식이 먼저 있어야 하지만, 지식 자체가 믿음은 아닙니다. 그 지식에서 성령의 역사로 인해 의지, 마음의 행동, 성향이 분명하게 나타나야 합니다.

1) 아직 그리스도를 믿지 않거나 신뢰하지 않는 사람에게는 복음에 약속된 것이 아무 상관도 없고 효력도 없습니다. 비록 그들에게 지식이 있다 하더라도 말입니다.

2) 지식은 있지만, 중생의 영이 없는 자들이 있습니다. 이들은 성령을 거

역하는 죄를 짓습니다. 즉, 복음의 내용은 알지만, 그 마음과 삶은 변하지 않는 것입니다. 예를 들어 마술사 시몬은 믿었다고 했지만(행 8:13), 그에게는 악독이 가득했습니다(행 8:21–23).

3) 신앙에서 이 두 가지가 구분되어야 합니다. 즉, 아는 것과 행하는 것입니다. 무엇을 믿어야 하는지 알고 믿어야 할 진리에 동의하는 것과 그것을 행하는 것은 별개의 문제입니다. 행함은 오직 진정한 믿음에서만 나오기 때문입니다. 순종은 이해력이 아니라 의지의 일부이기 때문에 의지의 변화로 인한 순종이 있어야 진정한 믿음이라고 할 수 있습니다.

4) 이 의지의 행위로 우리는 그리스도 안에서 하나님과의 내적 연합을 갖습니다. 사람들 사이에 우리는 지성의 판단보다 끊임없는 의지와 경향과 애착에 의해 믿음의 증거를 확인할 수 있습니다.

5) 믿음의 행위는 우리 자신을 전적으로 그리스도께 맡기는 것입니다. 즉, 그리스도 안에 있는 하나님의 자비에 맡기는 것입니다. 그런데 지성의 행위는 즉각적으로 인간을 온전하게 변화시키지 못합니다. 그러므로 의지의 행위만을 온전한 인간의 행위라고 부르는 것이 합당합니다. 지식은 참된 신앙과 결부되어 있지만, 선행하는 지식의 상당 부분이 마귀에게서도 발견되기 때문에 지식 자체를 구원의 믿음으로 볼 수 없습니다.

따라서 동의적 지식을 믿음으로 보는 교황주의자들의 견해는 오류입니다. 우리는 어떤 단순한 지식에 의지할 것이 아니라, 진리의 지식에 따라 구원을 위해 온 마음으로 그리스도를 의지할 때만 참된 믿음을 가졌다고 생각해야 합니다.

다만, 마음을 다해 그리스도 안에 안식하려고 애쓰지만, 하나님이 자신과 화목하셨다고 스스로 확신할 수 없는 자들도 있습니다. 이들은 더욱 은혜의 수단 아래에서 강하고 완전한 믿음이 일어나기까지 구해야 합니다.

여기서 한 가지 질문이 제기됩니다. 어떤 방법으로 그러한 믿음이 우리 마음에서 생겨나고 촉진됩니까? 이 믿음은 복음의 사역과 설교를 통해 성령에 의해 우리 안에서 적절하게 생성됩니다. 우리가 모든 이성을 초월하고 믿음으로 이러한 것들을 믿는 동안 믿음은 자연 위에 있기 때문입니다. 진정으로 믿는 사람들은 이성을 넘어서 믿는 것입니다. 그것은 복음에 의해 우리 안에 생성됩니다. 복음의 약속 안에서 그리스도가 우리에게 제시되고 나타나시기 때문입니다. 성령은 거룩한 복음의 설교와 함께하십니다.

교리 5 진정으로 그리스도를 믿는 사람들은 자신의 구원을 확신할 수 있고 또 확신해야 합니다.

본문 말씀은 믿으면 구원을 받을 것이라고 말합니다. 어떤 사람들이 그들의 특정한 죄에 머물러 있는 동안 자신이 하나님의 저주 아래 있음을 확신할 수 있는 것처럼, 어떤 신자들은 자신이 영원한 축복과 구원에 참여한다는 것을 특별히 확신할 수 있습니다. 저주에 대한 보증이 회개하지 않는 죄인이나 범법자에 대한 율법에서 오는 것과 같이, 이 축복의 보증은 복음의 약속을 통해 회개하고 믿는 죄인에게서 옵니다.

그러므로 구원을 확신할 수 있는 이 위로는 우리의 경험적 성찰이며,

우리 마음과 의지 안에 있습니다. 교황주의자들과 구원의 확실성을 의심하는 모든 이에게 이 교리를 통해 진정한 구원의 믿음이 있기를 기도합니다.

8번째 주일

하나님은
어떻게 삼위일체이십니까?

마태복음 28장 19절
그러므로 너희는 가서 모든 민족을 제자로 삼아 아버지와 아들과 성령의 이름으로 세례를 베풀고.

이 구절에는 그리스도께서 그의 사도들과 목사들에게 맡기신 주요 명령이 들어 있습니다. 이 말씀은 두 부분으로 구성되어 있습니다. 첫 번째 부분은 말씀의 설교이며, 두 번째 부분은 성례전 집행 명령입니다. 두 부분의 주요 범위는 하반절에 나타나 있습니다. 즉, 사람들이 성부, 성자, 성령의 참된 믿음과 순종으로 가르침을 받고 확증될 수 있다는 것입니다. 이 말씀에서 사도신경이라고 불리는 신조가 나왔습니다. 그러므로 사도신경의 기초는 사도들이 먼저 가르친 것이 아니라 오직 그리스도께서 이 말씀을 하실 때 그분이 친히 사도들에게 가르치신 것입니다.

그리스도의 명령에 따라 사도들은 모든 기독교인에게 이것을 믿음의 규칙으로 가르칩니다. 기독교가 유대교를 포함한 다른 종교와 어떻게 다른지를 나타내는 표지로 삼는 것입니다. 사도 시대에 우리 주님의 말씀과 그 뒤를 이어 교회에 주신 말씀 가운데 이보다 더 긴 신조가 포함된 적이 있었습니까? 그러나 그 후에 다양한 이단들로 말미암아 교회는 이 신조에 다양한 항목을 추가할 필요성을 느꼈습니다. 그것은 옛 신앙에 새로운 가르침을 추가해야 한다는 것이 아니라 동일한 내용에 필요한 설명이 되어야 한다는 것이었습니다. 이것이 바로 신조에 포함된 모든 말씀이 다음 세 가지 제목으로 압축되는 이유입니다. 즉, 성부, 성자, 성령입니다.

교리 1 하나님은 본질에서는 한 분이시지만, 성부, 성자, 성령의 삼위이십니다.

1) 성부, 성자, 성령을 믿는 신자에게 세례를 주기 위해서는 이 믿음이 전제되어야 합니다. 그리고 이 동일한 믿음은 인장처럼 세례로 인봉된 것과 같습니다. 이 신앙의 열린 고백은 우리 주님께서 친히 가르치시고 명하신 엄숙한 고백과 신조입니다. 이러한 일들은 한 번 또는 일시적인 방법으로 이루어진 것이 아닙니다. 불변의 제도와 영원한 계약에 의해 구원의 필요한 기초로서 모든 시대를 통해 준수되도록 교회에 전달되었습니다. 이 논증의 결과는 신적 믿음과 영적 헌신이 어떤 피조물을 향해서는 안 된다는 것입니다. 오직 하나님께만 향해야 하며, 이는 성경의 모든 말씀에서 확실하게 확증됩니다.

2) 성부와 성자와 성령은 하나의 권세와 능력을 갖기 때문입니다. 말씀이 전파되고 세례가 집행될 때 주의 이름으로만 아니라 거룩하신 성부와 성자, 성령의 권위와 권능으로 주어졌다는 것이 명백히 드러났습니다. 세례와 유사한 다른 제도들 또한 이러한 삼위일체의 권위와 권능으로 주어졌습니다. 이 동일한 권위에 대해 모든 사람이 그들의 영혼과 양심으로, 신앙적으로 복종하면서 받아들이고 인정해야 합니다. 삼위의 이름으로 간구하는 것이 각 위의 권위와 능력과 관계있으며 하나님의 은혜에만 의지하는 것이기 때문입니다.

3) 진정으로 신성한 작용과 전능은 삼위에 기인합니다. 이것은 신자들에게 나누어지고 세례로 표시되며, 인봉되는 모든 영적 선한 것의 저자가 삼위라는 것입니다. 약속된 것을 성취하고 완성할 수 있는 능력이 바로 삼위에 속해 있으며, 그래서 삼위의 이름과 권위가 언급되어 있

습니다.

4) 우리는 성부와 성자와 성령을 청하여 그들의 은총과 능력으로 세례가 정당한 효력을 발휘하도록 가르침을 받았기 때문입니다. 이것은 사도의 인사말에서와 거의 같은 방식으로 이루어집니다. "주 예수 그리스도의 은혜와 하나님의 사랑과 성령의 교통하심이 너희 무리와 함께 있을지어다"(고후 13:13). 누구든지 먼저 그리스도께 나아와 그의 은혜를 붙잡지 않고는 얻을 수 없습니다. 이는 그로 말미암아 아버지와 화목하게 되어 성령에 참여하는 자가 되게 하려는 것입니다. 그리스도의 은혜가 먼저 언급되고 다음에 성부 하나님의 사랑이 언급되며, 성령이 언급됩니다.

5) 신성한 존귀와 영광은 성부뿐만 아니라 성자와 성령에게도 주어집니다. 항상 성부와 성자와 성령을 위해 사십시오. 단지 성부 하나님만이 아니라 아들 그리스도와 성령을 위해 살아야 한다는 것이 사도들의 권면입니다. 하나님께 자신을 온전히 바치기 위해서는 그리스도를 통해야 하며, 그것은 성령의 감동에 의해 이루어지기 때문입니다. 이것은 우리의 선과, 하나님께 받아들여지는 것과, 영원히 그분의 백성이 되는 새 언약의 취지이기도 합니다. 또한 여기에는 우리 전체 삶의 방향이 달려 있습니다. 우리는 성별된 모든 일에서 그분의 영광을 위해 봉사할 수 있도록 우리 자신에게 이것을 적용해야 합니다.

우리는 이 기독교 신앙의 규칙을 위반하지 않고 순수하고 안전하게 지키기 위해 지옥의 문에 대항해야 합니다. 이것이 우리의 세례에서 인봉된 구원의 주요 원리이자 기초입니다.

교리 2 신성한 본질과 그 모든 본질적인 속성, 그리고 모든 신성한 외적인 일은 성부, 성자, 성령이 동등합니다.

이것은 본문에서 말하는 내용입니다.

1) 같은 이름, 같은 존귀, 같은 권세와 영광이 세 위에게 돌려지기 때문입니다.
2) 우리의 믿음은 성부, 성자, 성령 안에서 같은 방식으로 모든 위를 향한 것입니다.
3) 신성한 본질에 속하는 모든 것은 그 광대함과 완전성 때문에 곱하거나 나눌 수 없으며 다양한 정도를 갖는 것이 허용되지 않습니다. 각 위는 동일하며, 동등합니다.

우리의 믿음, 소망, 사랑, 신앙적 예배의 모든 부분과 부속물, 그리고 경건을 실천할 때 우리가 할 수 있는 한 우리의 마음을 드려 하나님의 이름으로 해야 합니다. 그러나 성부, 성자, 성령 하나님의 이름은 우리의 모든 설교에서 동등하게 존중되어야 합니다.

교리 3 이 세 위격 사이에는 존재의 형식과 방식과 순서에 있어서 구별이 있습니다.

이것은 본문에서 말하는 바입니다. 순서의 관점에서 볼 때, 아버지는 첫째고 아들은 둘째이며, 성령은 셋째입니다. 그러므로 사물의 시작이 아버지에게 귀속됩니다. 그러나 두 번째 및 연속적인 경륜의 시대나 구속은 아들에게 귀속됩니다. 그리고 우리의 성화와 영화처럼 온전함과 최종 완성으로 나타나는 것들은 성령으로 귀속됩니다.

하나님께서 우리에게 주신 축복을 받고 신앙과 순종의 의무를 행함에 있어서 우리는 하나님의 영광과 우리 자신의 위로가 될 수 있는 한 이 구별을 존중하고 준수해야 합니다. 이는 모든 면에서 신자들의 마음을 다스리는 신성한 묵상이기 때문입니다.

하나님의 은혜가 우리 위에 내려올 때, 시작은 아버지에게서 나오고, 진보는 아들로 말미암고, 성취는 성령이 하십니다. 그리고 우리가 하나님께 빚지고 있는 우리의 의무를 이행할 때, 시작은 성령으로부터 혹은 성령을 통해서 일어나며, 진보는 아들에 의해 이루어지고 완성은 아버지에 의해 마무리됩니다. 이와 같이 우리의 기도도 성령을 통해, 즉 성령께서 가르치시고 도우심으로써 시작합니다. 성령을 통해 생각되고 만들어진 우리의 기도는 예수 그리스도에 의해 하늘로 올라갑니다. 그리고 궁극적으로 하나님 아버지에 의해 받아들여집니다.

9번째 주일

하나님께서 어떻게 창조하셨으며, 어떻게 만물을 보존하십니까?

요한계시록 4장 11절
우리 주 하나님이여 영광과 존귀와 권능을 받으시는 것이 합당하오니 주께서 만물을 지으신지라 만물이 주의 뜻대로 있었고 또 지으심을 받았나이다 하더라.

모든 영광이 하나님께 드려져야 하는 이유가 이 구절에 나옵니다. 하나님이 영광을 받으셔야 할 이유는 하나님의 전능하심과 선하심 때문입니다. 첫째, 하나님이 만물을 창조하셨기 때문입니다. 둘째, 하나님께서 지혜로운 목적과 방식으로 만물을 창조하셨으며, 하나님 자신의 기쁨을 위해서 창조하셨기 때문입니다. 창조는 과거 시제이지만, 사물의 지속은 분명한 현재 시제입니다.

교리 1 현재 세상에 있는 모든 것은 하나님에 의해 무에서 만들어졌습니다.

1) 성경은 이 진리를 증거합니다.
2) 또한 모든 민족이 이를 증거하고 있으며, 창조를 믿지 않는 민족이 거의 없습니다.
3) 세상이 이것을 스스로 목격합니다. 거의 모든 피조물은 그들의 능력에 있어서 가변성과 불완전성을 보이며, 자신의 행동으로 최초의 존

재를 만들어낼 수 없습니다. 필연적으로 피조물은 순수하고 완전한 행위를 가지신 하나님께 의존해야 합니다.

4) 만물은 최초의 완전성으로부터 온 것이 틀림없습니다. 그것이 바로 이 구절에서 관찰된 완전성입니다. 완전성에 의해 만물은 수, 무게 및 측정으로 만들어졌습니다. 여기서 측정은 각 사물이 자체적으로 가지고 있는 완전성을 의미합니다. 무게는 모든 것이 그 자신의 목적과 용도에 따라 가지는 운동이나 성향을 의미합니다.

5) 모든 올바른 이성은 이것을 확인합니다. 세상이 영원하다고 생각하는 것은 명백한 모순을 암시합니다.

이 부분에서 우리는 우리 자신의 믿음을 강화하기 위해 성경을 더욱 묵상해야 합니다. 우리의 믿음은 하나님의 말씀에 근거하고 있기 때문입니다. 이 세상에 집착하거나 우리 마음이 고착되지 않게 하며, 우리 마음을 더 높이 들어 세상을 만드신 분에게 두어야 합니다. 이 모든 것을 하나님께서 지으신 줄 알고도 세상을 하나님보다 더 사랑하여 하나님을 버린다면, 매우 어리석고 패역한 일입니다.

교리 2 하나님은 자신의 현명한 목적과 선한 기쁨으로 만물을 창조하셨으며, 필요에 따라 창조하신 것이 아닙니다.

모든 피조물은 발산을 통해 신에게서 나온다고 말하는 철학자들이 있습니다. 또 다른 사람들은 우주가 그 몸의 그림자처럼 신에게서 떠났다고 말했습니다.

그런데 이것은 전혀 사실이 아닙니다. 그림자는 그 몸에서 벗어나는 것이 아니라 빛의 부재에 의해 사라지는 것이며, 빛과 그 장소에 따라 만들어지는 것이기 때문입니다. 또 어떤 사람들은 발자국이 걷는 자에 의해 만들어지는 것처럼 우주가 창조주로부터 나왔다고 말하기도 했습니다.

그러나 모든 만물을 만들 수 있는 분은 하나님 외에는 아무도 없습니다. 사람들의 이러한 말들은 오히려 창조주 하나님의 탁월함과 위엄을 숙고하게 만듭니다. 창조주의 탁월함이 온 우주 그 자체보다 비할 데 없이 더 크다는 것을 지적하기 때문입니다. 또한, 하나님의 완전하심과 비교할 때 세상에서 가장 위대해 보이는 것들마저도 인간의 허영심의 산물이며, 사소한 것일 뿐임을 보여줍니다.

성경은 하나님께서 그의 마음과 의지의 궁극적인 목적에 따라 그의 말씀으로 만물을 만드셨다고 말합니다. 하나님은 말씀과 뜻으로 그의 일을 완성하십니다. 그리고 이것이 바로 성경이 어디에서나 우리에게 가르치는 것입니다(시 33:6, 9).

1) 신성한 본질과 필연적으로 연결되는 것은 세상에 아무것도 없기 때문입니다. 그러므로 어떤 외부적인 것도 하나님의 본성의 어떤 필요에 의한 것이 아니라 오직 그의 지혜와 자유 의지에서 오는 것입니다.
2) 지혜와 자유 의지로 일하는 것이 가장 고상하고 가장 완벽한 작업 방식이기 때문입니다.
3) 창조의 시작에는 사용할 수 있는 어떤 물질이나 도구도 없었습니다. 우리는 하나님 안에서 그의 지혜와 의지와 구별되는 다른 어떤 능력도 생각할 수 없습니다. 그러므로 하나님께서 자신의 자유로운 지혜

와 의지만으로 만물을 창조하셨다는 사실을 인정하고 믿어야 합니다.

이 기초를 통해 우리는 세상이 실제로 창조되기 전에는 왜 세상이 없었는지 묻거나 궁금해하는 일부 사람들의 호기심 많은 질문에 대답할 수 있도록 우리의 믿음을 미리 무장할 수 있습니다. 성경은 하나님께서 자신의 자유로운 선택과 지혜와 의지로 만물을 창조하셨다고 대답합니다. 이 작업에서 하나님은 어떤 필요성에 종속되지 않았으며, 그의 자유의지를 넘어서는 어떤 다른 이유도 없었습니다.

여기에서 우리는 하나님이 말씀에서 계시하시고 그가 행하실 모든 일에 대한 믿음을 확립합니다. 우리의 이성으로는 아무리 불가능해 보일지라도 하나님은 그가 원하시는 것은 무엇이든 행하실 수 있습니다. 하나님이 그의 말씀과 뜻으로 세상을 지으신 것을 볼 때, 그가 모든 일을 가장 참되게 행하실 것이라는 사실은 의심할 여지가 없습니다.

교리 3 하나님은 만물을 창조하신 것과 동일한 능력으로 만물을 유지하고 보존하십니다.

이것은 본문에서 말하는 것이며, 히브리서 1장 3절과 사도행전 17장 28절에서도 이를 증거합니다. 태초에 성령께서 수면 위에 운행하심으로 지탱하고 보존하셨듯이 동일한 영이 모든 피조물을 영속적으로 붙드시고 다스리고 계십니다. 하나님은 피조물을 부패하게 하거나 멸망시키는 원인을 제거하심으로써 간접적으로 피조물을 유지하고 보존하십니다. 또한 그들의 존재를 지속하기 위한 보존력을 주심으로 직접적으로 보존하십니다.

만물을 지탱하는 것을 유지한다고 말하기도 합니다. 하나님은 피조물을 그의 손에 붙들고 계십니다. 같은 손에 의해 들어 올려진 피조물이 다시 무(無)로 떨어지지 않도록 하는 것입니다. 이는 마치 사람이 손으로 무엇을 땅에서 들어 올린 후에 그가 붙들지 않으면 저절로 다시 땅에 떨어지는 것과 같습니다. 이처럼 하나님은 그의 전능하신 손으로 피조물을 무에서 일으키신 후에 같은 손으로 그것을 붙들고 계십니다.

1) 물질의 존재는 일종의 지속적인 창조입니다. 창조는 사물이 처음 존재하게 하는 것이며, 존재의 지속은 계속해서 존재하게 하는 것입니다. 그러므로 처음 창조 때 요구되었던 것과 동일한 하나님의 전능과 권능이 만물을 지탱하는 데도 요구됩니다.
2) 피조물의 존재는 그것이 시작된 최초의 존재로부터 제거되거나 분리되면 곧 소멸될 것입니다(행 17:28).
3) 하나님은 우주적으로나 내적으로 피조물의 원인이시기 때문에 외적 유효 원인을 대신할 뿐만 아니라 내적 원인에도 관여하십니다. 따라서 하나님에 의해 존재가 유지되는 것입니다. 피조물이 물질과 형태 없이 존재할 수 없는 것처럼, 하나님의 임재와 능력 없이는 더 이상 그 존재를 유지하거나 구성할 수 없습니다.

우리는 마음의 눈을 열기 위해 노력해야 합니다. 하나님의 은혜로 우리 마음의 눈이 점점 더 열려 우리 자신과 다른 모든 것에서 하나님을 볼 수 있도록 기도해야 합니다. 이는 사도가 가르쳤던 것입니다(행 17:27). 이처럼 우리는 늘 하나님의 손안에 있고 하나님의 손에 붙들려 있기에 하나님께 죄를 짓지 않도록 스스로 주의해야 합니다. 만일 우리가 의도적으로 하나님을 노엽게 한다면, 그것은 마치 어린아이가 아버지의 품에 안겨 있는 동안 성가심 때문에 아버지의 얼굴을 상하게 하는 것과 같습니다.

교리 4. 피조물이 하나님께 바치는 모든 영광은 만물을 창조하시고 유지하시는 하나님 앞에 합당한 것입니다.

본문에서는 하나님이 영광을 받으시는 것에 대해 '합당하다'는 단어가 사용되었습니다. 모든 신적 능력의 가장 큰 완전성이 창조의 일과 그것에 의존하는 만물에 나타나기 때문입니다.

1) 창조에 하나님의 선하심이 나타나며, 이를 통해 그분이 영광을 받으시기 때문입니다. 말하자면 그것은 하나님의 무한하신 선하심에서 흘러나오는 어떤 은은한 향기와 같습니다(창 1:31).
2) 그분의 가장 위대하고 무한한 능력은 그의 말씀과 명령으로 무에서 갑자기 온 세상을 만드신 것에 있습니다.
3) 그분의 가장 높은 지혜는, 모든 것을 만드실 때 혼란스럽게 만들지 않고 모든 질서와 균형을 완벽하게 이루셨다는 점에서 나타납니다. 따라서 이것을 주의 깊게 고려하는 사람들은 전체적인 구조에서뿐 아니라 한 마리의 벼룩에서도 하나님의 많은 지혜를 볼 수 있습니다. 그것은 세상에서 가장 지혜로운 사람도 결코 모방할 수 없습니다.

그러므로 우리는 마음과 생각과 노력을 다해 하나님께 합당한 영광을 드려야 합니다. 이것는 공의가 우리에게 요구하는 것이기 때문입니다. 우리는 하늘과 위에 있는 모든 피조물에 의해 끊임없이 부름받고 자극받는 이 영광을 하나님께 드리기 위해 항상 부지런히 노력해야 합니다.

10번째 주일

하나님의 섭리는 무엇입니까?

로마서 11장 36절
이는 만물이 주에게서 나오고 주로 말미암고 주에게로 돌아감이라 그에게 영광이 세세에 있을지어다 아멘.

사도는 하나님이 아무에게도 빚진 것이 없으시다고 앞에서 주장했던 내용을 증명하기 위해 여기에서 논증을 제시합니다. 그는 다음과 증명합니다. 원인은 그 결과에 아무것도 빚진 것이 없지만, 반대로 결과는 원인에 모든 것을 빚지고 있습니다. 하나님은 이 세상에서 이루어지고 행해지는 모든 일에 있어서 결과가 아니라 원인이십니다. 하나님은 보존 또는 지시의 원인이십니다. 하나님을 통해, 또는 하나님에 의해 모든 것이 있습니다. 하나님은 또한 모든 것이 존재하는 최종 원인이십니다. 그를 위해 모든 것이 있습니다. 이 개념에서 첫째, 창조는 하나님께 귀속됩니다. 둘째, 하나님의 섭리가 적절하게 구성된 만물의 유지와 통치가 하나님께 귀속됩니다. 셋째, 모든 것의 완전한 보존과 성취가 하나님께 귀속됩니다.

교리 1 하나님은 확실한 섭리를 갖고 계시는데, 그로 인해 만물을 돌보시고 자신의 영광으로 인도하십니다.

본문은 모든 것이 그분에 의해, 그리고 그분을 위해 지시되어야 함을 분명히 합니다.

1) 하나님은 만물의 원인이시기 때문에 가장 뛰어난 이성과 지혜는 그의 본성의 어떤 필연이나 강압에서 나온 것이 아닙니다. 대의에는 항상 목적에 대한 고려가 있고, 목적을 달성하기 위한 수단의 순서와 함께 그것의 유효 의지가 있습니다.

2) 만일 하나님이 피조물을 지으시고 후에 돌보시지 않거나 지도하고 다스리지 않으셨다면, 창조의 역사는 헛된 것이 될 것이기 때문입니다.

3) 하나님께서 창조하신 만물을 지시하고 주관하시지 않는다면, 그의 사역은 불완전하여 정해진 결말을 맺지 못할 것입니다. 배를 만들고 나서 항해하는 동안 배를 지휘하거나 통제하지 않는다면, 배에 대한 그의 작업은 불완전하고 헛될 것입니다.

4) 공통된 경험은, 그 작용과 의도에 효과적인 어떤 현존하는 강력한 지혜가 어디에나 있다는 것을 말해 줍니다. 그것이 없이는 만물의 종류가 모든 세대를 통해 동일한 형태와 모양, 부분과 성향으로 보존되고 전파될 수 없기 때문입니다. 또한, 그런 확실한 섭리가 없이는 이성이 결여된 피조물이 자신에게 알려지지 않은 어떤 특정한 목적을 따른다거나, 그들에게 가장 편리한 특정 장소를 소유할 수 없습니다. 특히 자신의 것을 넘어서는 우주 또는 전체의 질서와 보존을 추구할 수 없습니다. 이 섭리가 없이는 어떤 동물이 어떻게 그런 본능을 가지게 되었으며, 지혜의 광선이 어떻게 그들에게 부여되었는지 이해할 수 없습니다. 이것은 성경이 말하는 개미, 벌, 거미, 제비, 황새와 같은 다른 많은 동물에게서 볼 수 있습니다. 그들에게는 그들이 모든 일에서 지속적으로 따르고 준수하는 법칙과 함께, 명백하게 나타나는 특정 기술과 지혜가 있습니다.

그러므로 우리는 우리의 믿음을 굳건히 세우기 위해 주의를 기울여야 합니다. 섭리는 신앙의 첫 번째 원리에 속하며, 하나님의 영광과 우리의 충성, 인내, 존경, 겸손, 그리고 신앙의 진정한 실천에 속해 있습니다. 따라서 우리 자신이나 다른 사람의 지혜와 섭리를 의지하지 말고 모든 일 가운데 있는 하나님의 섭리를 의지하기 위해 항상 노력해야 합니다.

교리 2 하나님의 섭리에는 의도뿐만 아니라 목적 달성도 포함됩니다.
모든 것이 그로 말미암은 것일 뿐 아니라 그를 위한 것이기도 하기 때문입니다.

1) 하나님의 섭리는 가장 완전해서 항상 의도한 바를 합당하게 이루시기 때문입니다. 반면, 인간의 뜻은 불완전해서 종종 그 목적에 도달하지 못하고 다른 원인에 의해 방해를 받습니다.
2) 만일 하나님이 목적한 바를 달성하지 못하셨다면, 그분이 의도한 축복과 행복한 상태에 약간의 변화를 허락하셔야 하기 때문입니다.
3) 이로 인해 또한 하나님의 영원한 지식의 감소가 따를 것이기 때문입니다. 어떤 현명한 사람도 처음부터 결코 얻지 못할 줄 아는 것을 스스로 얻으려고 제안하지 않기 때문입니다.

하나님의 섭리를 인간의 섭리로 바꿔서는 안 됩니다. 하나님께서 공급하시고 돌보셔서 마침내 모든 것이 선하고 영원한 행복으로 바뀌도록 약속하신 것을 신뢰해야 합니다.

교리 3 하나님의 이 섭리는 만물에 미칩니다.

이것은 본문에서 분명히 말하는 바입니다.

1) 선하고 지혜로운 가정의 주인이 자기 집에서 하는 모든 일을 돌보듯 하나님은 세상만사를 돌보십니다(딤전 5:8).
2) 하나님이 창조하신 모든 것에 그분의 섭리가 확장됩니다. 섭리가 창조의 뒤를 따릅니다.
3) 하나님은 모든 고상하고 큰일에 관심을 두십니다. 그러한 일을 인도하심으로 그분의 영광이 나타나기 때문입니다.
4) 하나님은 또한 우리의 머리털과 같은 지극히 작고 비천한 것들까지 돌보십니다(마 10:30). 그들의 작음 때문에 돌봄에서 제외하시지 않습니다. 때때로 아주 위대한 것은 가장 작은 것에 의존합니다.
5) 이 섭리는 필연적인 것뿐만 아니라 우발적이거나 자발적인 것에도 적용됩니다.
6) 이 섭리는 선한 것뿐만 아니라 악한 것에도 적용되며, 형벌의 악뿐만 아니라 죄의 악에도 적용됩니다. 죄에는 가장 큰 혼란과 무질서가 있기 때문에 여기서도 하나님께서 그의 섭리의 능력을 행사하시는 것입니다.

하나님과 우리의 언약이 항상 굳건하고 흔들리지 않는다는 것을 묵상해야 합니다. "하나님이 우리를 위하시면 누가 우리를 대적하리요"(롬 8:31)라는 사도의 말을 기억해야 합니다. 모든 것이 하나님에 의해 지시되고 다스림 받고 있음을 바라보아야 합니다. 더욱이 우리는 어떤 피조물도 의지하지 않고 하나님만 의지해야 합니다. 만물은 하나님이 주관하시기 때문입니다. 또 우리는 모든 일에서 하나님을 경외하고 두려워하는 법을 배우며, 그분의 섭리가 모든 일에 관여하고 있음을 볼 수 있어야 합니다.

11번째 주일

왜 그리스도만이
유일한 구주가 되십니까?

사도행전 4장 12절
다른 이로써는 구원을 받을 수 없나니 천하 사람 중에 구원을 받을 만한 다른 이름을 우리에게 주신 일이 없음이라 하였더라.

이 말씀에는 나면서부터 걷지 못하던 자에게 베푼 착한 일에 대해 베드로가 모인 무리에게 대답한 내용이 들어 있습니다(행 4:9). 베드로의 대답은, 그가 예수 그리스도의 이름으로 온전해졌다는 것입니다. 즉, 그 일이 예수 그리스도의 신성한 권세와 권능으로 말미암았다는 것입니다. 그 행위와 응답은 예수 그리스도의 속성과 능력에서 비롯된 것입니다. 이는 육신뿐만 아니라 영적으로 인간에게 구원을 가져다줍니다. 이 효과는 그리스도에 의해 온전히 확증되었기 때문에 다른 모든 것에 대해서는 부인됩니다. 이 말에는 두 가지 주장이 포함되어 있습니다. 첫째는 예수 그리스도께서 인간에게 구원을 베푸신다는 것이고, 둘째는 다른 누구도 구원을 가져올 수 없다는 것입니다.

여기에는 이 주장에 대한 이유가 제시됩니다. 구원의 능력과 권세가 예수라는 이름에만 주어지고 다른 누구에게도 주어지지 않았다는 것입니다. 이 구절에서 '이름'은(10절에서의 그리스도를 가리키기 때문에) 예수 또는 구세주라는 이름이 의미하는 대로 그리스도 자신으로 이해됩니다. 예수라는 이름의 의미를 여기에서 가르치고 있습니다. 복음서에는 예수 그리스도와 하나님 아버지로 명명되었습니다. 그분은 우리의 믿음의 대상이십니다.

교리 1 예수 그리스도는 우리를 모든 죄에서 구원하십니다.

이것이 그의 이름의 의미입니다. 이 이름은 우리의 구속과 그 적용의 결과를 포함하고 있습니다. 또 그의 성육신, 비천함, 승귀를 의미합니다. 그리스도는 그의 속죄의 공로와 효능으로 우리를 구원하십니다. 그의 속죄로 우리가 제거할 수 없었던 죄책과 하나님의 진노를 제거하시기 때문입니다. 그는 하나님의 아들들에게 전달되었던 모든 축복에 대한 은총과 권리를 우리를 위해 마련해 주셨습니다. 그의 효능과 그의 성령으로 우리의 구원에 속한 모든 것을 우리 안에서 이루시고 행하셨습니다. 그러므로 그는 우리의 모든 죄악, 형벌, 더러움에서 우리를 구원하십니다.

1) 이 목적을 위해 아버지 하나님께서 그를 주셨기 때문입니다.
2) 그가 모든 면에서 이 결과를 산출하기에 적합했기 때문입니다. 그가 하나님에 의해 보내진 것은 우리의 구원을 확실하게 획득하기 위해서입니다. 하나님은 이 임무를 수행하도록 오직 그리스도만을 보내셨습니다. 하나님은 그리스도께서 이 임무를 완수할 수 있도록 성령을 그에게 한량없이 주셨습니다.
3) 그가 우리의 구원에 필요한 이 모든 일을 자원하여 그의 뜻대로 자신을 주셨기 때문입니다.

우리는 구원받기 위해 오직 그리스도께로 가야 합니다. 그리스도의 은혜를 아는 자는 그분을 찬양합니다. 모든 감사를 그리스도께 드리며 모든 영예와 영광을 그분께 돌립니다.

교리 2 예수 그리스도 외에는 구주가 없습니다.

이것은 본문에 충분히 표현되어 있습니다. 다른 이에게는 구원이 없습니다. 우리의 구원의 원인은 그리스도 외에 아무것도 없습니다.

1) 아무도 그리스도와 같거나 동등하지 않기 때문에 그 누구도 그리스도께서 우리의 구원을 위해 하신 것과 같은 일을 할 수 없습니다. 그는 아버지의 독생자이시며, 유일한 임마누엘이십니다. 우리와 함께하시는 하나님이시고 사람이신 하나님이시며, 한 위격이시고 하나님과 사람 사이의 유일한 중보자이십니다(딤전 2:5).

2) 본문에 있는 것과 같이 하나님께서 우리에게 다른 구세주를 주시거나 제시하지 않으셨기 때문입니다.

3) 만일 다른 구주가 계시다면, 다음과 같은 배타적인 주장은 있을 수 없기 때문입니다. "너희가 만일 내가 그인 줄 믿지 아니하면 너희 죄 가운데서 죽으리라"(요 8:24). "아들에게 순종하지 아니하는 자는 영생을 보지 못하고 도리어 하나님의 진노가 그 위에 머물러 있느니라"(요 3:36). "나를 떠나서는 너희가 아무것도 할 수 없음이라"(요 15:5). 이러한 배타적인 말씀은 그리스도가 유일하신 중재자이시기 때문입니다. 그리스도께서 그를 믿는 자들을 완전하게 구원하시기 때문에 우리는 어떤 식으로든 다른 것에서 구원을 찾을 필요가 없습니다. 우리의 구원은 부분으로 나눌 수 없습니다. 각각의 다른 부분에서 일부를 찾을 수 있는 것이 아닙니다. 그렇게 되면 부분적으로 구원을 받고 부분적으로 저주를 받을 수 있기 때문입니다.

우리는 구원의 크고 작은 모든 부분에서 그리스도께로 나아가야 할 뿐만 아니라 순전하게, 전적으로, 오직 그만 의지해야 합니다.

교리 3 **성경에서 우리 주 예수 그리스도가 행하셔야 할 것으로 기록된 모든 일은 우리 영혼에 구원을 가져다주는 일이며, 그것이 우리가 믿는 것입니다.**

이런 의미에서 본문이 말하는 구원하는 믿음은 성경에서 우리에게 제시된 예수 그리스도의 이름을 믿는 것입니다.

1) 우리 믿음의 본질은 오직 그리스도께서 말씀하신 하나님의 약속을 믿는 것입니다.
2) 하나님의 말씀에는 우리의 믿음과 우리의 구원을 진전시키고 확증하는 데 직접적으로 도움이 되는 그리스도에 관한 가르침이 있기 때문입니다(요 20:31).
3) 우리에게는 그리스도께 대한 사랑과 감사가 요구되는데, 이는 우리가 그에게 속한 모든 것을 귀하게 여기는 것입니다.

우리 마음의 게으름은 책망받아야 마땅합니다. 우리는 그리스도에 대한 애정이나 마음의 고양 없이도 그리스도에 관한 많은 것을 듣고 읽을 수 있는데, 이것 역시 책망받아야 합니다. 우리는 그리스도의 이름에 대한 지식으로부터 우리의 모든 필요를 얻을 수 있습니다. 그러므로 그리스도를 아는 지식에 충만해야 합니다. 구약의 선지자는 이것에 대해 우리에게 말하고 있습니다(사 12:3-4).

12번째 주일

그리스도의
3중적 직무는 무엇입니까?

사도행전 2장 36절
그런즉 이스라엘 온 집은 확실히 알지니 너희가 십자가에 못 박은 이 예수를 하나님이 주와 그리스도가 되게 하셨느니라 하니라.

이 구절은 사도 베드로가 그리스도의 부활 후에 유대인들에게 한 첫 번째 설교의 마지막 내용 중 하나입니다. 여기에는 전체 설교의 주요 결론이 포함되어 있습니다. 그것이 추론되는 논증은 앞선 예언자들의 증언과 성령의 현재 증거인데, 이는 그리스도가 메시아라는 것입니다. 이 설교의 결론에서 두 가지가 설명됩니다. 그리스도의 기능 또는 책임과 그 책임에 대한 부르심입니다. 그리스도의 기능은 '주와 그리스도'라는 칭호에 포함되어 있습니다. 부르심은 하나님이 그를 주와 그리스도가 되게 하셨다고 선언한 것입니다.

여기에 우리 구주의 속성인 '예수, 그리스도, 주'라는 세 가지 이름이 있습니다. 이 이름은 일반적으로 성경의 여러 곳에서 다르게 결합되며, 그 구별의 차이를 관찰할 수 있습니다. '예수'는 그의 고유 이름입니다. '그리스도'는 그의 권위의 이름입니다. '주'는 그의 능력의 이름입니다. 예수님은 우리 구주로서 자신 앞에 놓인 종말을 가리키십니다. 그리스도는 그 목적에 이르는 수단과 방법을 지적하십니다. 주님은 그 목적의 완전한 실행과 성취이십니다.

그리스도와 주 사이에는 실질적인 차이가 없으며, 그리스도와 예수 사이에 있는 것처럼 큰 개념적 차이도 없습니다. 주권 또는 지배권은 그리스도, 메시아, 또는 기름부음 받은 자의 칭호에 고안된 기능을 따르는 부속물입니다. 그러나 그리스도와 예수 사이에는 차이점이 있습니다. 앞서 말했듯이 예수님은 목적을 계획하고 그리스도는 그것을 달성하는 방법을 계획합니다. 예수님은 우리를 위한 그리스도의 행위를 적절하게 나타냅니다. 그리고 그리스도는 그의 완전함과 아버지로부터 그 존엄성을 받은 것을 나타냅니다.

교리 1 우리 구주 예수는 우리의 구원에 필요한 모든 일을 행하기 위해 아버지에 의해 선임되었습니다.

본문은 그가 주와 그리스도가 되셨다고 합니다. 즉, 그는 세상이 시작된 이래로 모든 예언자가 예언하고 전파한 메시아, 인간의 구원을 획득하고 완전하게 하기 위해 오실 메시아가 되셨습니다. 그는 모든 신자가 간절히 바라던 분입니다. 그는 구원의 유일한 저자로서, 우리의 구원을 이루는 데 필요한 것이 이 메시아라는 이름에 암시되어 있습니다. 메시아의 세 가지 기능, 즉 예언자, 제사장, 왕의 기능이 여기에 포함됩니다.

1) 우리의 구세주는 기름 부음을 받은 예언자이십니다. 첫째, 그는 외적인 사역으로 우리의 구원에 관한 하나님의 모든 뜻을 선포하고 계시하셨기 때문입니다(신 18:18; 요 15:15; 17:8). 둘째, 그가 자신의 생각을 밝히고 우리 마음을 열어서 우리가 하나님의 가르침을 받도록 하시기 때문입니다. 셋째, 그가 그의 교회와 왕국에 속한 앞으로 올 모든 것을 우리에게 말씀하셨기 때문입니다.

2) 우리의 구세주는 기름 부음을 받은 제사장이십니다. 첫째, 자기를 드려 우리를 하나님과 화목하게 하셨기 때문입니다. 둘째, 그가 여전히 우리를 위해 아버지의 손에서 효과적으로 중재하고 계시기 때문입니다. 셋째, 그는 자신의 제물과 중보기도를 통해 우리와 우리의 불완전한 행위를 하나님께서 받아들이실 수 있게 하시기 때문입니다.

3) 우리의 구세주는 기름 부음을 받은 왕이십니다. 첫째, 우리 영혼과 우리 구원의 모든 원수를 이기고 영광스럽게 승리하셨기 때문입니다. 둘째, 그는 그의 교회의 왕이자 머리로서 효과적인 권능으로 교회를

다스리시고 보호하시며, 보존하시기 때문입니다. 셋째, 그가 가장 큰 영광으로 그의 교회의 통치와 보호와 구원을 완성할 것이기 때문입니다. 그는 마침내 왕으로 인정될 뿐만 아니라 만왕의 왕, 만주의 주로 불리게 될 것입니다.

우리는 참된 믿음으로 그리스도 안에서 우리의 모든 필요가 채워진다는 것을 분명히 볼 수 있습니다. 우리가 무지와 눈먼 것을 고치고자 한다면, 우리의 예언자이신 그리스도께 달려가 그에게 가르침을 받고 하나님의 지혜이신 그에게서 지혜를 구할 수 있습니다. 우리를 위해 자신을 주신 우리 대제사장이신 그리스도의 피와 제물로 달려갈 수 있습니다. 우리가 하나님께 무엇을 구하려 한다면, 우리의 중보자이신 그리스도를 통해 구할 수 있습니다. 그리고 자신의 연약함과 원수의 공격으로 인해 낙담하고 두렵다면, 왕이신 그리스도를 바라볼 수 있습니다. 하나님께서 우리에게 충분하고 유능한 구세주를 마련해 주셨기 때문에 우리는 결코 절망에 빠지지 않습니다.

하나님께서 그리스도 안에서 결합하신 이 세 가지 기능을 우리가 결코 분리해서는 안 됩니다. 그것을 분리하여 오직 지식만을 추구하는 자들은 죄로부터 깨끗함을 받는 것과 왕이신 그리스도 아래 복종하는 것에는 관심이 없습니다. 또 그리스도의 이름으로 죄 사함만을 구하는 자들은 그리스도와 주를 분리하는 것입니다. 이 지식과 다른 수단을 무시한 채 그리스도의 멍에를 메거나 그의 홀과 면류관을 인정해서는 안 됩니다. 그들은 그분을 그들의 구원자로만 영접하고 주님으로 영접하지 않는 것입니다. 그들은 성화가 없는 구원을 원합니다.

교리 2 그리스도는 이 직분의 모든 의무를 수행하도록 부르심을 받았습니다.

이것은 하나님께서 그를 주와 그리스도로 삼으셨다는 말씀에서 나온 것입니다. 이 부르심에는 그의 선택, 예정, 사명이 있습니다. 선택과 예정에 의해 그리스도는 영원 전부터 중보자이셨습니다. 이 계시된 목적에 따라 그는 아담이 타락한 직후에 중보자의 직분을 행사하셨습니다. 그는 때가 찼을 때 자신의 사명에 따른 보내심으로 나타나셨습니다. 그 부르심의 목적을 위해 지상에서 지정된 시간 동안 이 기능을 공개적으로 수행한 후, 그는 가장 큰 영광과 위엄으로 올려졌습니다. 그것은 여전히 신성하고 고귀한 기능을 수행하는 것이었습니다.

1) 하나님의 부르심을 받은 자 외에는 아무도 이 영예를 빼앗거나 취할 수 없고, 취해서도 안 되기 때문입니다(히 5:4-6).
2) 그리스도의 중보의 직분은 아버지의 뜻을 행하는 데 있기 때문입니다(히 10:7, 9).
3) 그리스도 안에는 하나님께서 우리로 하여금 생명과 영광에 이르게 하는 과정의 본보기가 세워졌기 때문입니다. 우리의 생명과 영광은 하나님께서 우리를 택하심에 첫 번째 기초를 두고 있으며, 그분의 효과적인 부르심에서 시작되기 때문입니다.

하나님은 그리스도를 모든 면에서 우리의 구원을 이루기에 합당하게 하셨습니다. 이것을 확실히 아는 것은 우리의 신앙을 확립하게 해줍니다. 우리의 구원이나 그리스도의 교회를 위협하는 모든 공포와 소동에 대해, 우리는 그리스도께서 주가 되셨고 원수를 제지할 수 있는 모든 권능을 가지고 계신다는 사실을 확실히 알아야 합니다. 그러므로 현재 우리가 받는 시험에 대한 이유를 모른다 해도, "오직 의인은 믿음으로 말미암아 살리라"라는 말씀에 따라 우리는 이 믿음으로 살아야 합니다(롬 1:17; 갈 3:11).

교리 3 참된 믿음으로 그리스도를 의지하는 모든 사람은 분량에 따라 그리스도의 위엄에 함께 참여하는 자가 됩니다(히 3:14).

이 결론을 사도행전 2장 17-18절에서 설명하는 것과 비교해 보면, 사도는 우리에게 이 믿음을 간절히 권고함을 알 수 있습니다. 첫째, 그들은 그리스도의 영을 가지고 있기에 위엄이 있습니다. 17-18절에서 볼 때 그들은 성령으로 모든 것을 가르침 받는 것이 분명합니다(요일 2:27). 그래서 그들은 모든 것을 판단할 수 있습니다(고전 2:15). 둘째, 그들은 제사장의 직분과 위엄에 참여하는 자가 됩니다. 그들은 하나님께 제물과 예물을 드릴 수 있도록 계속해서 찬양과 감사의 제사를 하나님 앞에 올려드립니다(롬 12:1). 셋째, 그들은 왕의 위엄에 참여하게 됩니다(벧전 2:9; 계 1:6). 그들은 하나님의 은혜로 더 이상 이 세상의 종이 아니라 세상의 주인입니다. 그들은 하늘 영광의 상속자로서 이생에서 그 영광의 권리와 첫 열매를 받기 때문입니다.

1) 신자들이 몸의 지체로서 머리와 맺는 영적 결합의 신비가 너무 커서 머리의 존엄을 몸의 지체가 나누어 갖는 것처럼, 그들은 반드시 어떤 식으로든 그의 존엄에 참여해야 하기 때문입니다. 이는 아내가 남편

의 존엄성에 참여하는 것과 같습니다.
2) 그리스도께서 중보자로서 행하시는 모든 일은 우리의 유익을 위하여 우리의 이름으로, 어떤 면에서는 우리의 인격으로 행하시는 것이기 때문입니다. 즉, 우리를 대신하여 우리를 대표하고 계시는 것입니다.
3) 우리를 향한 그리스도의 사랑이 너무 커서 우리의 것을 가능한 한 다른 사람에게 전하고자 하기 때문입니다.

우리가 그리스도인이라고 불리는 이 이름의 힘과 이유를 우리는 이해할 수 있습니다. 신자들은 예수회보다 그리스도인이라고 불리기를 원할 것입니다. 그러나 그리스도인이란, 그 직분을 받는 것을 의미합니다. 그래서 우리는 그분에게서 오는 이 구원의 적절한 수신자가 됩니다. 그가 우리의 예수로서 행하시는 것은 우리에게 자신이 행한 것의 열매를 주시기 위해서입니다. 그러므로 그분은 그 열매를 우리에게 전달하시고 우리가 그에게서 그것을 받을 수 있도록 합당하게 하셨습니다.

그리스도 안에서 하나님과 영적이고 효과적인 교제를 나누는 사람이 진정한 그리스도인입니다. 우리는 더러운 삶의 방식으로 인해 그리스도인의 신성한 이름을 욕되게 하고 모독하지 않도록 주의해야 합니다.

13번째 주일

어떻게 그리스도는 하나님의 아들이십니까?

마태복음 16장 16절
시몬 베드로가 대답하여 이르되 주는 그리스도시요 살아 계신 하나님의 아들이시니이다.

이 본문은 그리스도께서 사도들에게 제기하신 질문에 대한 베드로의 대답입니다. 그 질문은 우리 구주의 인격에 대한 그들의 판단과 믿음에 관한 것이었습니다. 이 대답에는 그리스도에 대한 제자들의 고백과 함께 그리스도에 대한 묘사가 포함되어 있습니다.
이 설명에서 우리 구주의 인격은 다음과 같이 묘사됩니다. 직분에 있어서 그분은 '그리스도'이십니다. 이는 그분의 본질에서 나온 것입니다. 우리 구주와 하나님의 관계는 '아버지와 아들'의 관계입니다. 아들이라는 단어 앞에는 정관사(the) 혹은 지시대명사(that)가 붙어 있습니다. 이는 인간의 아버지와 아들의 관계와는 다른 것입니다.

교리 1 예수 그리스도는 영원하신 하나님의 영원한(coeternal) 아들이십니다.

그분은 창조가 아니라 아버지로부터 영원히 나오시기 때문에 하나님의 아들이라고 불립니다. 여기에서 영원히 나오신다는 것을 생산의 의미로 보아서는 안 됩니다. 아버지 하나님에게서 나오신 그리스도는 아버지와 동일한 본성과 본질을 가지시며, 그것은 그의 실체적 형상입니다(히 1:3). 그러나 그는 여전히 아버지 안에 거하시고 아버지는 그의 안에 계시되 어느 하나도 완전히 분리되지 않습니다.

신자가 아버지의 모든 선의 상속자이신 그리스도와 교제하는 동안 그들은 그리스도로부터 행복을 얻습니다. 그들은 생명과 영원한 영광의 상속자로서 그리스도와 함께 공동 상속자입니다(롬 8:17). 따라서 신자는 그리스도의 음성을 듣고 그에게 온전히 순종해야 합니다(마 17:5; 막 9:7; 눅 9:35).

교리 2 그리스도는 어떤 피조물보다 훨씬 더 완전하고 신성한 방식으로 하나님의 아들이십니다.

아들 앞에 정관사 혹은 지시대명사가 붙어 있는 이유는 그리스도가 양자로서나 창조에 의해서가 아니라 본질상 하나님의 아들이시기 때문입니다. 그리스도는 아버지와 동일하게 단일하고 유일한 본성을 가지셨습니다. 그래서 그리스도를 하나님의 독생자라고도 부릅니다.

우리는 그리스도가 하나님을 부를 때 사용하는 것과 같은 말을 사용하여 하나님을 부릅니다(이는 더 구체적이고 적절한 표현이 부족하기 때문입니다). 즉 우리는 하나님을 '그리스도의 아버지'라고 부르지 않고 '우리 아버지'라고 부릅니다. 우리가 그리스도와 함께 하나님의 아들로 일컬음을 받는 것입니다. 그러나 이 칭호가 그리스도께 귀속될 때, 우리는 모든 신성한 완전함이 그 안에 있다고 항상 생각해야 합니다. 그리고 이 동일한 단어가 우리에게 귀속될 때는 훨씬 더 열등한 위엄을 가져야 합니다.

그리스도는 하나님의 아들이시며, 그 안에 신성한 혈통 또는 아들의 신분으로서 모든 우수성이 있습니다. 그러므로 우리는 오직 그리스도 안에서, 그리고 그리스도에 의해서만 우리의 입양과 행복에 속한 모든 것을 구해야 합니다.

교리 3 그리스도는 하나님의 교회에서 지고한 주이십니다.

비록 이 말이 본문에 표현되어 있지는 않지만, 사도신경의 단어들과 순서대로 연결되어 있습니다. 따라서 이 구절은 마태복음 16장 15절에 대한 답변입니다. 본문에서와 같이 베드로는 모든 예언자가 전파한 메시아를 가리키면서, 그가 왕이요 주가 되며 그의 백성을 가장 영광스럽게 옹호하거나 회복시키는 자가 될 것이라고 말했습니다. 당시 유대인들은 요한복음 1장 49절에 나오는 대로, "당신은 하나님의 아들이시요 당신은 이스라엘의 임금이로소이다"라고 했으며, 대제사장도 같은 말을 했습니다(마 26:63). 그리스도도 자신의 통치에 대해 말씀하셨습니다.

1) 그리스도는 아버지와 함께 한 분이시며 동일하신 하나님이시기 때문입니다. 하나님은 그가 만드신 모든 것의 주인이십니다. 이와 같이 그리스도는 창조의 권세로 그들 모두의 주가 되십니다. 그리스도는 그 손의 능력으로 만드신 모든 것을 붙들고 계십니다(히 1:3).
2) 그리스도는 중보자이시며 구속의 권리로 교회의 주인이십니다. 모든 사람을 구속하신 그분은 자신을 위해 그 모든 사람을 사셨습니다. 그러므로 구속받은 사람은 자신을 구속주에게 완전히 바쳐야 합니다.
3) 그리스도는 우리를 복종시키시고 가장 거룩한 성례전, 맹세 또는 고백으로 엄숙하게 봉인된 서약을 통해 우리의 진실과 충성을 그에게 바치게 하셨습니다. 그분만이 우리를 구속하신 우리의 주님이십니다.

우리는 특별한 방법으로 그를 우리의 주님으로 선택하고 베드로가 부르는 것처럼 그의 이름을 부르며, 그가 우리의 주시라고 고백하는 것입니다.

오직 하나님 외에는 누구라도 우리 주, 또는 교회의 하나님이라고 부를 수 없습니다. 오직 하나님만이 사람의 생명과 자연의 선에 속한 것들의 주인이시기 때문입니다. 이 자연적인 생명의 주인이 하나님이시라면 그분만이 은혜와 영적 생명의 주인이심을 인정해야 합니다. 하나님의 교회에서 주님의 직분을 감당하려면 그는 반드시 전지전능하고 무소부재하셔야 합니다. 온 땅에 흩어져 있는 모든 교회를 돌보는 일이 그에게 속해 있기 때문입니다.

우리는 그리스도를 '주'라고 부릅니다. 이는 그리스도의 신격에 대한 우리의 신앙입니다. 그리스도는 신자의 모든 길을 인도하고 모든 종류의 악으로부터 그들을 보호하십니다. 그들의 행복을 위해 일하고 계십니다. 따라서 그리스도의 '주'라는 칭호는 엄숙한 것이며, 우리는 그것을 찾고 불러야 합니다.

우리를 위해 죽기까지 자신을 내어주신 그분을 우리는 주님으로 모시고 사랑해야 합니다. 그래야 신실한 신자라고 할 수 있습니다. 우리는 전적으로 주님의 뜻에 복종하고 우리 삶과 대화의 모든 부분에서, 심지어 다른 사람과의 관계 속에서도 그분을 공경해야 합니다. 이것이 신자의 삶의 방식입니다.

[14번째 주일]

어떻게 그리스도가 동정녀로부터 탄생하셨습니까?

마태복음 1장 20절
이 일을 생각할 때에 주의 사자가 현몽하여 이르되 다윗의 자손 요셉아 네 아내 마리아 데려오기를 무서워하지 말라 그에게 잉태된 자는 성령으로 된 것이라.

이 구절은 요셉이 그의 아내 마리아를 맞아야 하는 이유에 대해 주님의 천사가 전한 말입니다. 천사가 이렇게 말한 것은 요셉이 그의 아내 데려오는 것을 두려워했기 때문입니다. 마리아가 자신이 아닌 다른 남자에 의해 임신한 것처럼 보였기 때문입니다. 천사는 마리아가 성령에 의해 임신했다고 알려 주었습니다. 마리아의 임신에는 두 가지 원인이 있습니다. 마리아는 능동적 원인이요 부차적 원인이며, 또한 물질적 원인의 공급자입니다. 그러나 성령은 가장 주요한 첫 번째 원인(창조적 원인)이십니다. 성령은 물질적인 원인을 함께 작용시켜 이러한 결과를 만들어 내십니다.

교리 1 하나님의 아들 그리스도는 인간의 연약함과 함께 참 인간의 본성을 당신 인격의 연합으로 취하셨습니다.

이는 본문에서 가르치는 것입니다. 때가 되어 여자에게서 사람으로 태어나셨다는 것은 신조에 다음과 같이 표현되어 있습니다. "성령으로 잉태되어 동정녀 마리아에게서 나셨다." 그리스도는 천사의 본성을 취하신 것이 아니며, 무죄 상태의 아담이 만들어졌던 것처럼 완전한 인간의 본성을 취하신 것도 아닙니다. 불완전함을 지닌 진정한 인간의 본성을 취하셨습니다. 다만 동정녀에게서, 그리고 성령으로 잉태됨으로써 죄가 없는 상태로 태어나셨습니다.

1) 이는 성부가 선택하신 사람들을 구원하기 위해서입니다.
2) 그리스도는 약하고 비천한 상태에 있는 우리의 본성을 취하셨습니다. 우리를 더 높이 들어 올리기 위해서 우리의 상태로 내려오신 것입니다. 그리스도께서 이 방법으로 오신 이유는 인간 삶의 모든 상태와 조건을 거룩하게 하시기 위해서입니다. 그가 인간의 몸을 입고 우리와 같은 연약함을 가지며 고통을 받으셨기에 우리를 실제적이고 직접적으로 도우실 수 있습니다.

여기서 우리는 그리스도의 인성을 부정하는 이단들에 맞서 싸우고, 이단자들의 상상을 물리쳐야 합니다. 이러한 종류의 오류로는 로마 가톨릭의 화체론과 유니테리언주의가 있습니다.

우리를 위하여 사람이 되시기로 동의하셨을 뿐 아니라, 사람의 본성상 어린아이가 되는 것을 멸시하지 않으신 우리 주 예수 그리스도의 은혜를 모든 존경과 감사로 찬미하고 엄숙히 찬양해야 합니다. 더욱이 우리의 방식대로 잉태되고 태어나시며 우리를 위해 연약함과 굴욕을 겪으신 것을 찬양해야 합니다(히 2:16-17). 그리고 우리는 새로 잉태되거나 태어난 유아와 성인을 구별하지 않아야 합니다. 그들은 모두 원죄를 가지고 태어났습니다.

교리 2 그리스도는 이 인성을 마리아에게서 취하셨습니다.

본문에서는 그가 마리아에게서 잉태되었다고 말하지만, 다른 곳에서는 그가 여자의 후손의 육신을 따라 나셨다고 말합니다(롬 1:3). 즉 여자가 그를 잉태하여 낳았다고 합니다. 따라서 그분은 '마리아의 아들, 다윗의 아들, 아브라함의 아들' 등의 이름으로 불렸습니다.

1) 그는 여자의 후손에 대한 첫 번째 복음의 약속을 이루기 위해 나셨습니다. 여자의 후손이 뱀의 머리를 밟을 것이라는 약속을 이루기 위해, 아들이 어머니에게서 나는 것 같이 여자에게서 나야 했습니다(창 3:15).
2) 그가 마리아에게서 나신 것은, 그에 대해 앞서 주어진 약속과 예언대로 그가 유다 지파와 다윗의 가계에서 나셨다는 것을 확실히 합니다.

그리스도의 인성이 마리아를 통해서 전달되었으며 그녀의 본성에서 취하지 않았다고 환상적인 주장을 하는 재세례파와 그와 유사한 오류들을 우리는 물리쳐야 합니다.

그는 하나님의 아들이면서 사람의 아들이시기도 합니다. 두 아들이 아니라 한 위격 안에서 한 아들이시기 때문입니다. 그는 신성에 따라 하나님의 아들이고 인성에 따라 사람의 아들인 한 인격이십니다.

교리 3 그리스도는 동정녀 마리아에게서 나셨습니다.

1) 이것은 이스라엘 온 집에 대한 독특하고 기적적인 표징이며, 이는 이사야 7장 14절에서 예언된 것입니다.
2) 이는 이 일에 대한 예언을 이루려는 것입니다.

3) 이 신성한 신비와 하나님의 주된 사역에서 하나님의 전능하심이 명백히 나타나기 위함입니다. 동정녀에게서 아들이 태어나는 것은 하나님의 능력으로 어려운 일이 아니었습니다. 이 일에는 하나님의 능력만 나타난 것이 아니라 그의 지혜도 나타났습니다.

4) 이것은 그리스도의 인성에서 죄의 전염이 제거되는 방법이었습니다.

그는 고대에 약속된 메시아이며, 그 약속이 의도한 것처럼 독특한 방식으로 여자의 약속된 후손이셨습니다. 즉, 사람의 아들입니다. 그는 평범한 방식으로 아담과 다른 남자들의 후손인 여자에게서 태어났습니다. 그러나 그 여자는 저속하거나 평범한 방법이 아닌, 기적적인 방법으로 남자와 관계없이 아들의 어머니가 되었습니다. 예수님은 잉태되신 때부터 모든 것이 초자연적이었습니다. 그러므로 우리는 육신의 생각과 세상의 생각을 버리고 초자연적인 것을 생각해야 합니다.

교리 4 성령은 주요한 능동적 원인이었습니다.

본문은 "성령으로 된 것"이라고 말씀합니다. 성령은 작용적 원인입니다. 이것은 성령에 기인하는 것입니다.

1) 그것은 기적이었으며, 모든 기적은 성령의 역사이기 때문입니다.
2) 여기에서 주요한 일은 성화(聖化)였기 때문입니다. 그리스도가 취하셔야 할 육신은 모든 죄에서 깨끗하고 유일하게 거룩해야 했습니다. 모든 성화는 오직 성령께 귀속됩니다.
3) 성령은 그리스도 안에 한없이 거하시기 때문입니다.

여기서 "그리스도를 성령의 아들이라고 부를 수 있는가?"라는 의문이 생길 수 있습니다. 그것은 하나님과 (신격의) 위격들 안에 있는 인격적 관계와 타당성에 대해 약간의 혼란을 가져올 수 있습니다. 성령께서 그리스도를 낳으실 때 새 사람을 낳지 않으셨기 때문입니다. 그것은 성령이 자신의 본성(혹은 그 자신의 본성과 동일한 본질)을 따라 지으신 새로운 본성도 아니었습니다.

우리의 신앙과 그리스도에 대한 우리의 모든 생각에서, 그리스도 안에 있는 모든 것이 영적이고 거룩하며 신비로 가득 차 있음을 인정해야 합니다. 우리는 이 비밀의 어떤 부분도 의심해서는 안 됩니다. 이 모든 것은 사물의 일반적인 질서 위에 있는 것과 마찬가지로 일반적인 본성의 범위 위에 있기 때문입니다. 그러나 우리는 항상 이것을 받아들이고 생각할 수 있습니다. 성령의 권능은 온전히 성령께서 주관하시는 일에 부적합한 것이 없습니다.

우리의 구원의 확실성이 여기에 달려 있습니다. 그리스도를 닮는 것은 이것에서부터 시작합니다. 만일 우리가 성령의 유효한 역사에 의해 영적으로 거듭나면, 그리스도가 마리아에게서 능력과 작용을 통해 나신 것과 같습니다. 그래서 사도 베드로는 우리에게 부르심과 택하심을 굳게 하라고 권면했습니다(벧후 1:10).

15번째 주일

그리스도는 왜 고난을 받으셨습니까?

베드로전서 3장 18절
그리스도께서도 단번에 죄를 위하여 죽으사 의인으로서 불의한 자를 대신하셨으니 이는 우리를 하나님 앞으로 인도하려 하심이라 육체로는 죽임을 당하시고 영으로는 살리심을 받으셨으니.

이 본문에는 모든 그리스도인이 고난을 받는 것이 마땅하다는 내용이 포함되어 있습니다. 의로우신 그리스도께서 죄와 불의한 사람들을 위해 고난을 받으셨다면, 우리는 우리에게 부과된 고난을 훨씬 더 많이 받아야 할 것입니다. 그러나 그리스도의 고난은 더 큽니다. 우리의 머리이자 구세주이신 그분은 우리가 고난을 견디는 데 있어서 본보기가 되는 위치와 본성을 갖고 계십니다. 불의한 다른 사람의 죄를 위해 고통을 당하시는 그의 고난은 우리의 고난과 전혀 다릅니다. 그리스도가 고난을 받으셨다는 것은 그가 비록 하나님의 아들이시지만, 고난에서 자유롭지 못하셨다는 것입니다.

그리스도가 고통을 받으신 이유는 불의한 사람들이 마땅히 받아야 할 죄 때문입니다. 우리의 죄가 신적 전가의 형식으로 하나님에 의해 그리스도께 전가되었기 때문입니다. 이는 그가 모든 사람의 불의한 죄를 담당하시고 의롭게 하여 구원에 이르게 하기 위한 것입니다.

교리 1 그리스도는 우리의 죄 때문에 마땅히 받아야 할 이 모든 악한 형벌을 받으셨습니다.

1) 그가 모든 종류의 악을 겪으셨기 때문입니다. 영적 고통, 마음의 고통과 공포, 육체적인 상실과 슬픔의 감정 모두에서 극단적인 고통을 겪으셨습니다.
2) 그가 악을 가할 수 있는 모든 사람으로부터 고통을 겪으셨기 때문입니다. 그는 유대인과 이방인과 자기 백성에게 고난을 받으셨습니다. 처음부터 살인자들이요, 악의 창시자들인 흑암과 지옥의 권세로 말미암아 고난을 받으셨습니다. 악인들로 말미암아 고통을 당하셨으며, 하나님 자신으로부터 고난을 받으셨습니다. 하나님은 그리스도께 진노로 가득 찬 잔을 마시게 하셨습니다.
3) 그가 고통받을 수 있는 모든 부분에서 고통을 겪으셨기 때문입니다. 그는 영혼의 공포와 형언할 수 없는 슬픔을 겪으셨습니다. 그는 굶주림, 목마름, 벌거벗음, 상처, 침 뱉음, 채찍질, 구타, 그리고 상상할 수 없는 모든 악의와 잔인함을 겪으셨습니다.

그러므로 우리는 그리스도의 수난을 지속적으로 묵상하면서 하나님의 독보적이고 이해할 수 없는 선하심, 은혜, 사랑, 자비, 공의, 지혜를 바라보아야 합니다. 우리의 구원을 위해 기꺼이 고난받으시고 우리를 위해 그토록 많은 고통을 겪으신 우리 주 예수 그리스도의 풍성한 은혜를 바라보십시오.

우리는 우리 구세주의 이 고난을 생각함으로써 더욱 분발하여 그리스도에 의해 온전하게 될 은혜와 우리 구원의 믿음과 소망을 날마다 새롭게 하도록 노력해야 합니다. 우리의 마음이 하나님과 그리스도를 향한 더 큰 사랑과 그 이름의 영광을 위한 더 큰 열심으로 타올라야 합니다. 그리고 우리를 위해 모든 고난을 겪으신 그리스도를 생각하며 담대하게 끈기와 인내로 이생의 모든 괴로움을 견뎌야 합니다.

교리 2 그리스도께서 이 모든 일을 당하신 것은 본성의 어떤 부득이함이나 억지로 된 것이 아니며 사고나 우연에 의한 일도 아닙니다. 그는 자신의 지혜와 의지의 자유로운 선택으로 고난을 당하셨습니다.

본문은 그가 고난 가운데서 순종의 본을 보이신 분으로서 찬송받으실 그리스도이심을 말하고 있습니다. 의지의 자유로운 동의 없이 필요나 우연으로 겪는 일에는 칭찬이나 순종이 있을 수 없기 때문입니다.

1) 그리스도는 아버지가 내리신 모든 명령에 순종하셨습니다.
2) 그리스도는 아버지와 아들 사이에 맺은 언약의 형태를 따라 세상에 오신 것입니다(사 53:10).
3) 온전한 순종은 가장 온전한 영광에 이르는 길입니다(빌 2:8-9). "아버지여 만일 아버지의 뜻이거든 이 잔을 내게서 옮기시옵소서"(눅 22:42)라는 말씀에서 알 수 있듯이, 그가 모든 고난을 당한 것은 아버지에 대한 순종과 우리에 대한 사랑 때문이며 우리의 구원을 위한 것입니다.

그리스도의 고난받으심은 우리도 유혹에 대항할 수 있게 합니다. 그리스도는 그의 몸으로 순종의 가장 완전한 본을 우리에게 주셨기 때문입니다. 우리는 우리 주 예수 그리스도의 이 은혜를 진지하게 기억하고 그에 대한 감사와 사랑으로 말미암아 기쁘고 즐거운 마음으로 그를 위해 모든 고난을 받아야 합니다.

교리 3 그리스도의 고난은 우리 죄를 위한 속죄 희생이었습니다.

본문은 그가 죄를 위하여, 즉 불의한 자를 위하여 고난을 받으셨다고 합니다. 그에게는 우리의 형벌과 죄악과 흠을 제하며, 하나님의 은총과 의와 영생을 얻게 하실 능력이 있습니다. 이것을 '그리스도에 의한 죄의 보상, 그리스도의 공로, 그리스도의 구속, 또는 그리스도에 의한 회복'이라고 말합니다.

1) 아버지와 아들 사이의 언약은 이것입니다. "여호와께서 그에게 상함을 받게 하시기를 원하사 질고를 당하게 하셨은즉 그의 영혼을 속건제물로 드리기에 이르면 그가 씨를 보게 되며 그의 날은 길 것이요 또 그의 손으로 여호와께서 기뻐하시는 뜻을 성취하리로다"(사 53:10). 이처럼 그리스도의 고난은 그의 모든 순종을 온전케 하기 위한 것이었습니다.

2) 그리스도가 우리 죄로 말미암아 고난을 당하시고 그 고난으로 하나님의 공의를 만족케 하셨으므로 우리는 하나님께 영광을 돌려야 합니다. 그리스도의 고난과 죽음은 하나님의 공의를 만족시켰으며, 하나님의 은혜는 우리에게 모든 선을 가져다주기에 충분했습니다.

3) 그리스도는 그의 열정과 완전한 순종을 통해 얻은 권리로 우리가 그와 함께 있고 또 그와 함께 살 수 있도록 우리를 위해 아버지께 간구하십니다(요 17:24).

죄책과 죄로 인한 양심의 고통 가운데 있는 신자들은 그리스도와 그의 고난 안에서 우리가 치명적인 상처에 대한 치료제를 가지고 있음을 기억해야 합니다. 또한 우리는 우리의 구세주를 죽게 한 모든 죄를 미워해야 합니다. 그가 우리에게로 돌이키지 않았다면 우리는 수많은 죽음을 맞이해야 했을 것입니다.

16번째 주일

그리스도는 왜 죽으셨습니까?

요한복음 10장 17-18절
내가 내 목숨을 버리는 것은 그것을 내가 다시 얻기 위함이니 이로 말미암아 아버지께서 나를 사랑하시느니라 이를 내게서 빼앗는 자가 있는 것이 아니라 내가 스스로 버리노라 나는 버릴 권세도 있고 다시 얻을 권세도 있으니 이 계명은 내 아버지에게서 받았노라 하시니라.

그리스도는 이 말씀에서 그가 앞에서 말씀하신 선한 목자의 의무, 결과, 표징을 설명하십니다. 그리스도는 선한 목자의 역할을 자신에게 적용하셨습니다(15절). 여기에는 네 가지가 제시됩니다. 첫째, 그리스도의 죽음, 즉 그가 생명을 버리신 것입니다. 둘째, 생명을 버리는 방식에서 그리스도는 자발적인 원인이십니다. 그는 강압이 아닌 협의와 숙고로 그것을 행하십니다. 셋째, 그리스도는 그 일을 약함으로 하신 것이 아니라 능력으로 하십니다. 그리스도는 "내가 스스로 버리노라 나는 버릴 권세도 있고"(18절)라고 말씀하십니다. 이는 그 계명을 하나님 아버지에게서 받았기 때문입니다. 넷째, 그 결과로 아버지의 사랑과 기쁨, 만족을 얻습니다. 그것으로 말미암아 아버지께서 그를 사랑하십니다.

교리 1 그리스도는 우리를 위해 자신을 낮추어 죽임을 당하셨습니다.

그리스도는 "내가 내 목숨을 버리는 것"이라고 하십니다(17절). 그는 우리를 위해 영적 죽음과 육체적 죽음이라는 이중의 죽음을 겪으셨습니다. 영적 죽음은 그리스도께서 지옥으로 내려가신 것입니다. 이것은 하나님의 은총이 그리스도의 영혼에서 한동안 분리된 것으로 보이지만, 실제로는 감각과 위안을 느끼는 영향에 관한 것입니다. 육체의 죽음은 영혼이 육체로부터 분리되는 것입니다.

영혼과 육체의 분리가 있지만, 둘 중 어느 것도 신성한 본성이나 인격에서 분리되지는 않습니다. 인격은 여전히 둘 다 유지됩니다. 만약 신성한 위격에서 분리되었다면, 두 번째 위격은 더이상 하나님-인간이 아니었을 것입니다. 만약 그렇지 않다면, 그리스도의 부활 안에서 새로운 성육신이 이루어졌을 것입니다.

1) 굴욕의 온전함과 완성은 죽음에 있습니다. 이것이 그가 죽으셨을 뿐만 아니라 가장 비열하고 부끄러운 죽음을 당하신 첫 번째 이유였습니다. 즉, 그는 십자가의 죽음을 당하셨습니다(빌 2:8).
2) 그는 우리를 구속하는 그의 임무를 수행하기 위해 우리가 빚진 신성한 공의에 대한 값을 지불해야 했기에, 우리가 받아야 할 동일한 형벌을 받으셨습니다. 그는 단순히 죽음을 견디신 것이 아닙니다. 우리가 받아야 마땅한 저주를 우리 대신에 받으신 것입니다(갈 3:13).
3) 그는 구원할 자들을 위해 죄의 죽음을 취한 것입니다(롬 6:1-8).

우리는 믿음으로 그의 고난과 피 흘리심에서 그와 특별히 연합할 수 있습니다(롬 3:25). 참된 믿음을 가진 모든 사람은 죽음이나 정죄의 모든 위험에서 벗어났으며, 이는 우리에게 위로가 됩니다(롬 8:34). 우리는 그리스도와 연합되었기 때문에 그리스도 안에서 죄에 대해 죽으며, 그리스도의 본을 따라 모든 순종과 겸손을 추구합니다.

교리 2 그리스도는 자신이 원하는 대로, 그의 현명한 숙고와 능력으로 자신의 죽음을 정하셨습니다.

그리스도는 자신의 목숨을 버릴 권세가 그에게 있다고 말씀하셨습니다. 이 말씀에서 그리스도의 죽음이 자발적이라는 것이 나타납니다. 그것은 그리스도가 기꺼이 그 일을 겪기로 결정하신 선택에 있어서만 자발적이라는 것이 아닙니다. 그는 자신의 죽음을 위해 자신의 능력을 중단하셨고, 죽음을 가하는 원수들에게 그 일을 하도록 내버려두셨습니다. 더욱이 그는 죽어가면서 자신의 죽음을 명령했고 기꺼이 그것을 허용했습니다.

1) 하나님이신 분이 이렇게 죽는 것이 합당하기 때문입니다.
2) 그렇지 않았다면, 그리스도는 그의 죽음에서 제사장, 희생제물, 제단이 되지 못했을 것이기 때문입니다. 비록 성부께 바치는 것이 희생의 한 부분이지만, 희생을 바치는 것은 능동적이며 제사장으로서 행한 것이기 때문입니다.

우리는 우리가 하나님으로 믿는 그리스도가 죽임 당하심을 비난하는 모든 오류를 기꺼이 배척해야 합니다. 그리스도는 연약함과 협박으로 죽으신 것이 아니라 그의 결심과 고유한 의지와 능력으로 죽으셨습니다. 우리의 믿음을 무장하기 위해 이 사실을 묵상하십시오. 그리스도의 신성과 능력은 그의 부활에만 나타난 것이 아닙니다. 그의 죽으심도 큰 권세를 가지고 능력으로 나타내신 것입니다.

교리 3 그리스도는 아버지의 명령에 따라 이 죽임을 당하셨습니다.

본문에서 그리스도는 "이 계명은 내 아버지에게서 받았노라"(18절)라고 말씀합니다. 이 명령(계명)은 자연법이나 도덕법, 의식법, 시민법의 일부가 아니었습니다. 이 명령은 성부가 그리스도에게 부여하신 중보의 직분이며, 그리스도의 자유로운 동의에 의한 독특한 조건이었습니다. 그것은 구속 언약에 따라 우리의 중보자이신 메시아에게만 주어진 명령이었습니다.

1) 첫째 아담의 불순종으로 죄와 사망이 세상에 들어왔듯이 둘째 아담의 순종으로 우리에게 의와 구원을 가져다주어야 했기 때문입니다. 또한, 아담의 불순종이 그에게 주어진 명령을 위반한 것이었듯이, 그리스도의 순종도 그의 중보자 직분과 함께 그에게 주어진 명령을 지키는 것이어야 했습니다.
2) 그리스도는 우리가 그리스도 안에서 하나님의 계명을 지키는 일에 가장 완전한 순종의 본을 보이셔야 했기 때문입니다.

하나님의 계명을 지키는 것보다 공의회에 순종하는 것이 마치 완전한 순종인 것처럼 고안한 교황과 수도승의 미신에 반대해야 합니다. 우리에게 완전한 순종의 전체적인 모습과 모형을 주신 그리스도는 아버지가 자기에게 명하신 것에 순종하는 것 외에는 행하지 않았다고 고백하십니다. 그러므로 우리도 그리스도를 따르기로 결심하고 죽기까지 하나님의 계명을 굳게 붙들어야 합니다.

교리 4 하나님 아버지는 이 순종으로 인해 그리스도를 사랑하십니다.

본문은 "이로 말미암아 아버지께서 나를 사랑하시느니라"(17절)라고 말씀합니다. 성부는 그리스도의 이 순종을 기뻐하시며 모든 그리스도인과 그리스도께 속한 모든 사람이 그것을 보도록 칭찬하십니다.

1) 그리스도의 죽음으로 인해 하나님은 가장 큰 영광을 받으셨기 때문입니다(요 12:28; 17:4).
2) 그리스도의 죽음으로 하나님의 계획이 성취되었기 때문입니다. 이 하나님의 계획은 영원 전부터 자신 안에 있는 그의 은혜와 영광스러운 선의를 사람들에게 전달하도록 정하신 것입니다(엡 1:5, 6, 7, 9).

하나님이 사람을 사랑하시는 이유가 그리스도의 죽으심 때문이 아니라 사람의 행위 때문이라고 말하는 사람들의 주장에 반대해야 합니다. 그들은 사람의 행위가 하나님의 사랑의 첫 번째 원인이라고 결론짓는데 그것은 오류입니다. 그리스도는 하나님의 아들이시며 영원 전부터 하나님의 사랑을 받으셨습니다. 이제 아버지는 그리스도의 순종으로 말미암아 그리스도를 사랑하십니다.

하나님 아버지께서 그리스도를 사랑하신 것 같이 믿음으로 그리스도 안에 있는 모든 자를 사랑하신다는 것은 위로가 됩니다. 하나님은 자기에게 순종하는 자를 사랑하시므로 우리는 즐거운 마음으로 스스로 분발하여 하나님께 순종해야 합니다.

17번째 주일

그리스도는 왜 부활하셨습니까?

요한복음 10장 17-18절
내가 내 목숨을 버리는 것은 그것을 내가 다시 얻기 위함이니 이로 말미암아 아버지께서 나를 사랑하시느니라 이를 내게서 빼앗는 자가 있는 것이 아니라 내가 스스로 버리노라 나는 버릴 권세도 있고 다시 얻을 권세도 있으니 이 계명은 내 아버지에게서 받았노라 하시니라.

이것은 지난주와 같은 본문입니다. 그러나 그리스도의 죽음 이후 부활에 대해 살펴보려고 합니다.

교리 1 그리스도는 죽은 자 가운데서 다시 살아나셨습니다.

이것은 본문에서 그리스도가 그의 생명을 다시 얻는다고 하신 말씀에서 알 수 있습니다. 다시 얻는다는 것은 이전에 분리되었던 것들의 재결합이기 때문입니다. 영혼과 육체의 이 재결합에는 열등한 상태에서 우월한 상태로의 변화 또는 이동이 있습니다. 이 상태는 이전보다 더 나은 상태거나, 지금 변화가 만들어지는 이 상태보다 우월한 상태입니다. 그러므로 그것은 '생명의 회복' 또는 '다시 취함(얻음)'이라고 일컬어지며, 단순한 부활이 아니라 굴욕의 상태에서 변화된 형태입니다.

그가 변한 형태는 높임과 영광의 상태였습니다. 이 변형 또는 움직임의 주체는 가장 낮고 가장 비참한 상태로 떨어진 그리스도의 인성이었습니다. 그리스도의 몸은 죽은 후 장사된 무덤에서 다시 일어났습니다. 그리고 그의 영혼도 살아났습니다. 그 영혼은 회복되고 몸과 재결합해 죽음의 상태와 지배에서 해방되었습니다.

이 부활에는 두 부분이 있습니다. 첫째는 소생, 즉 영혼과 육체의 새로운 결합으로 인간 본성이 다시 살아나는 것이며, 둘째는 그것이 회복되었음을 나타내기 위해 무덤에서 나가는 것입니다. 이 부활은 천사들과 성경과 그리스도 자신, 그리고 40일 동안 보이신 다양한 모습으로 증거되며, 목격자 또는 많은 증인의 체험으로 확인되었습니다.

1) 생명의 주되신 하나님의 아들이 사망의 권세에 오랫동안 매여 있는 것이 합당치 않고 불가능하기 때문에 부활하셨습니다(행 2:24).
2) 이로써 그리스도 자신이 영 안에서, 또는 성결의 영에 따라 의롭다 하심을 얻으셨습니다. 그의 신격의 능력으로 의롭다 하심을 받아 한 위격 안에서 사람일 뿐 아니라 하나님이 되신 것입니다. 그는 죽은 자 가운데서 자신을 다시 일으키심으로써 공정하고 완전하게 하나님의 아들로 선포되셨고, 그가 하나님이심을 증명하셨습니다(롬 1:4; 딤전 3:16). "예수는 우리가 범죄한 것 때문에 내줌이 되고 또한 우리를 의롭다 하시기 위하여 살아나셨느니라"(롬 4:25).
3) 그가 지금 살아 계시기에 그가 전에 그의 죽음으로 값 주고 사신 것을 우리에게 강력하게 적용하실 수 있습니다(롬 5:10).
4) 이것으로 그는 우리 부활에 대한 확신의 원인, 기초, 표징이 되시며,

우리의 영적 부활과 육체적 부활의 보증이 되십니다(롬 6장; 고전 15:12-14).

우리는 그리스도를 믿어 의롭다 함과 구원함에 이르도록 그리스도의 죽음을 붙잡고, 우리를 위한 승리와 죽음을 이기는 능력이 나타난 그의 부활을 바라보아야 합니다(롬 5:3-4; 벧전 3:2).

교리 2 그리스도의 부활은 그분의 고유한 능력으로 이루어졌습니다.

본문은 이것을 분명하게 말합니다. 그리스도의 부활과 다른 사람들의 부활의 차이는 이것입니다. 신자들은 그리스도의 능력으로 다시 살아날 것이지만, 그리스도는 자신의 능력으로 생명과 죽음을 주관하는 주님으로 다시 살아나셨습니다. 그러므로 그는 이 두 가지 성향을 모두 적합하게 가지고 있습니다. 하나님께서 그를 죽은 자 가운데서 다시 살리셨다고 종종 말하는 것도 이 진리에 반대되는 것이 아닙니다. 하나님의 성령이 그를 살리셨습니다. 삼위의 사역은 외부로부터 분리될 수 없으며, 공통으로 삼위에게 돌려지기 때문입니다.

1) 그러므로 하나님께 귀속되는 것은 또한 아버지와 성령과 함께 아들에게도 귀속되며, 본문에서 분명히 밝혀진 바와 같이 아들이 빼앗긴 것이 아닙니다.
2) 그리스도가 하나님 또는 하나님의 성령에 의해 일으켜졌다고 말할 때는 그의 인성이 성부, 성자, 성령에 의해 일으켜진 것으로 간주됩니다. 그러나 그가 자신을 일으키셨다고 말할 때는 그의 신성한 본성과

인격이 아버지와 성령과 함께 취한 인간의 본성을 일으키신 것으로 간주되고 언급됩니다.
3) 그리스도를 일으켜 세우신 하나님의 영과 영광은 그리스도 안에 있는 신의 성품 외에 다른 어떤 능력으로 이해할 수 없기 때문입니다.

그리스도의 인격에 대한 우리의 믿음을 확인하려면, 자기 자신의 능력으로 죽은 자 가운데서 살아나신 분이 사람일 뿐 아니라 필연적으로 하나님이셨음을 인정해야 합니다. 죽은 몸을 살리는 일은 살아 있는 몸을 만드는 것 못지않게 신성한 일이기 때문입니다. 죽은 자 가운데서 자신을 일으키신 분은 자신의 두 본성 중 하나에서 죽은 동시에 그의 다른 본성에서 여전히 생명의 샘을 가진 것입니다. 즉, 그는 신의 성품을 가지셨습니다.

명령을 통해 그는 자신의 다른 본성을 다시 살리기 위해 위대한 일을 하셨습니다. 그러므로 그리스도께서 죽으심으로 자신이 참된 사람임을 입증하신 것처럼, 또한 부활을 통해서 자신이 영원하고 자연적인 하나님의 아들임을 입증하셨습니다. 직분에 의해서만이 아니라 참된 하나님이심을 나타내신 것입니다. 그러므로 그리스도 안에 있는 모든 사람은 죽은 자 가운데서 다시 살리며 영생을 주는 그리스도의 능력과 통치 아래에 있습니다(요 6:39-40).

교리 3 그리스도의 부활은 우리를 위한 것이었습니다.

본문에는 그가 모든 사람을 위해 생명을 버렸다가 다시 얻으신 목적이 언급되어 있습니다. 모든 사람을 위해 자신의 생명을 버리신 그리스도가 그들을 위해 다시 일어나신 것입니다.

우리는 그의 죽음에 대해서는 그것이 우리에게 합당한 유익을 주는 것으로 여깁니다. 하지만 그의 부활에 대해서는 그렇게 생각하지 않습니다. 그러나 그리스도의 부활은 그의 죽음과는 다른 방식으로 우리의 유익이 됩니다.

1) 부활하신 그리스도께서 하나님이 택하신 모든 자를 대표하셨고, 그들을 모두 자신 안에 두셨으며, 그들을 모두 죽음에서 다시 이끌어 내셨기 때문입니다.
2) 그리스도를 죽은 자 가운데서 살리신 성령이 동일한 부활을 나타내심으로 신자들의 영혼과 몸을 살리시고 그의 부활의 형상을 본받게 하셨기 때문입니다(롬 8:11).
3) 같은 성령이 그리스도의 부활의 권능과 능력으로 우리를 살리시기 때문입니다.
4) 우리 본성의 온전한 속죄는 그리스도의 부활의 형상과 모형을 따를 것이기 때문입니다(롬 6:5).

그리스도의 부활에서 우리는 죽음, 마귀, 죄, 지옥, 모든 원수에 대한 승리를 얻습니다. 그러므로 그리스도께서 우리를 위해 이미 얻으신 승리를 굳게 잡고, 같은 방법으로 그것을 지키려고 힘써야 합니다. 우리는 결코 죄가 우리의 죽을 몸에 왕 노릇 하도록 허용해서는 안 됩니다.

18번째 주일

그리스도는 어떻게 승천하시고 하늘 보좌에 등극하셨습니까?

마가복음 16장 19절
주 예수께서 말씀을 마치신 후에 하늘로 올려지사 하나님 우편에 앉으시니라.

이 본문은 부활하신 그리스도의 독특한 움직임을 설명합니다. 즉, 그리스도께서 하늘로 올라가시는 행위와 하나님 우편에 앉으시는 행위입니다. 이는 그리스도의 영광과 능력을 나타내며, 그것을 안정되게 소유하신 것을 나타냅니다. 이 행위의 표현에는 은유적인 의미가 있습니다. 그는 하나님 우편에 앉으셨습니다. 하나님의 오른편에 있다는 것은 하나님의 영광과 능력의 교통을 의미합니다. 또한 그의 오른편에 앉아 계신다는 것은 이 영광과 권세를 조용하고 안정적으로 소유하고 계심을 의미합니다.

교리 1 그리스도께서는 부활하시고 40일이 지난 후에는 더 이상 육체적 임재로 지상에 계시지 않았습니다.

이것은 본문에 분명하게 나타납니다. 그는 하늘로 올려지셨습니다. 즉, 그는 더 이상 지상에 계시지 않았습니다. 여기에서 언급된 시간은 일반적인 암시입니다(행 1:3). 그것은 그의 '육체적 임재'를 말합니다. 그의 신격과 성령에 의해 그는 그의 영적이고 신성한 임재로 함께하시며, 그의 약속에 따라 은혜로운 방식으로 세상 끝날까지 그의 백성과 함께 계시기 때문입니다(마 28:20). 우리는 그것을 그의 '육체적 실재'라고 부릅니다.

1) 그리스도가 지상에서의 일을 마치고 겸손의 상태로 땅에 더 오래 계시는 것이 그의 뜻이 아니었기 때문입니다. 땅에 속한 것을 버린다는 것은 그의 몸의 본질을 버린다는 의미가 아닙니다. 땅에 속한 약한 몸에서 하늘에 속한 영광스러운 몸으로 변하는 것을 의미합니다.
2) 그의 육체적 임재는 우리에게 유익이 아니라 해가 되기 때문입니다. 그리스도께서 하늘로 승천하시기 전에는 성령, 보혜사, 지상에서 그리스도의 참된 대리자가 주어질 수 없었습니다(요 16:7).
3) 그리스도께서 아버지를 영광스럽게 하시기 위해 지상에서 해야 할 일을 다 하셨기 때문입니다. 그러므로 그는 세상이 생기기 전에 그가 가졌던 영화로 돌아가서, 마치 그가 연약하던 시기에 그것을 제쳐놓고 숨겼던 것처럼 그의 인성을 높임으로써 다시 그것을 나타내셔야 했습니다(요 17:4-5).

우리는 지상에서 어떤 확정적이고 결정적인 장소를 설계하는 교황주의자, 편재론자 및 기타 거짓 예언자들에 대해 감히 "보라, 육체를 입은 그리스도가 여기 있다. 보라, 육체를 입은 그리스도가 있다" 하지 말아야 합니다.

교리 2 그리스도는 땅을 떠나 가장 높은 하늘로 올라가셨습니다.
영광과 행복이 있는 천국을 가장 높은 하늘이라고 부르는 다른 성경과 비교할 때 본문의 하늘은 천국을 가리키는 것이 분명합니다. 세 번째 하늘은 모두 하나입니다.

1) 이제 불멸하고 영화롭게 된 그의 인성이 그 상태에 편리한 장소를 점유하고 소유하는 것이 가장 합당하기 때문입니다. 오직 가장 높은 세 번째 하늘만이 그런 곳이며, 다른 두 하늘은 부패하거나 변하기 쉬운 곳이었습니다.
2) 우리의 죄로 인해 우리에게 닫혀 있던 천국을 우리를 위하여 여신 것처럼, 그가 친히 승천하여 그곳에 가심으로써 이 사실을 우리에게 분명히 알려 주시는 것이 마땅했습니다.
3) 그가 승천하신 것은 그를 통해 우리도 하늘나라를 차지하며 그와 같은 자리와 상태에 이르게 되리라는 소망을 갖게 하려는 것입니다.
4) 그는 우리를 위해 해야 할 일, 아직 남아 있는 다른 일들을 처리하기 위해 승천하셨습니다. 그의 중보는 아버지 우편에서 그의 백성의 위로자가 되기 위해 그의 영을 보내시고 널리 행하시는 것입니다. 또한 그는 우리의 유익을 위해 만물을 통치하십니다.

우리는 그리스도가 하늘에서 그리스도의 인성을 가진 척하면서 동시에 지상에서 육신을 가지고 있다고 주장하는 자들에 반대해야 합니다. 본문은 그가 하늘로 올려지셨다고 분명히 말합니다. 그는 하늘로 올라가시기 위해 땅을 떠나셨습니다. 선한 천사가 선언한 대로 그분은 부활하셨고 더 이상 무덤에 계시지 않습니다. 그러므로 이 결과에 대해 의심할 여지가 없습니다. 그는 하늘로 올라가셨으며, 더는 이 땅에 계시지 않습니다.

우리는 이 믿음 안에서 그리스도를 경배해야 합니다. 그리스도를 육체로나 땅에 속한 방식으로 생각하지 말고, 하늘에서 가장 높은 영광과 신성한 권능에 계신 분으로 생각하며 신령과 진정으로 예배해야 합니다. 우리의 마음과 애정을 땅에 있는 것이 아닌 하늘 위에 있는 것에 두어야 합니다. 그곳에는 우리의 보물이신 그리스도께서 아버지 우편에 앉아 계시므로 우리의 말과 생각은 그곳에 있어야 합니다(마 6:21; 골 3:1; 빌 3:20).

교리 3 하늘에 계신 그리스도는 창조된 자연이 가질 수 있는 최고의 영광을 소유하고 계십니다.

그가 하나님 우편에 앉아 계신다고 하신 말씀에서 그것을 알 수 있습니다. 하나님 우편에 앉아 계신다는 것은 그가 위엄에 있어서 하나님 다음이 된다는 것입니다. 그러므로 그는 모든 사람과 그들의 축복받은 영혼 위에 있을 뿐만 아니라, 영광스러운 천사들 위에 있습니다.

1) 여기에서는 그리스도의 인성을 말합니다. 영광과 위엄의 탁월함에서 그가 하나님 바로 다음이 되는 것이 가장 합당했습니다.
2) 그리스도는 모든 성도와 복 있는 자와 사람과 천사의 머리이십니다. 그 아래 한 몸으로 모인 모든 사람에게 모든 위엄과 영광이 그에게서 나타납니다. 그러므로 그가 한량없이 은혜의 성령을 받으신 것처럼 또한 영광과 위엄으로 단장하시는 것이 마땅합니다.
3) 그리스도의 영광이 하나님께 영광이 되는 것처럼 교회의 은혜와 영광

도 그리스도의 영광이 됩니다(고전 3:22-23).

그리스도의 영광은 그리스도 안에 있는 모든 신실한 자의 영광이 됩니다. 이에 대해 우리는 확실한 약속을 받았습니다. 그러므로 우리는 하늘에서 그의 영광에 함께 참여하게 되는 것처럼 이 땅에서도 그의 고난과 오래 참음에 함께 참여하는 자가 되어야 합니다(롬 8:17).

교리 4 그리스도는 가장 높은 위엄과 가장 높은 권능을 갖고 계십니다.
하나님의 오른손이 그의 권능을 의미하는 것처럼, 그의 오른편에 앉으셨다는 것은 하나님과 최고의 친교를 나누시는 것을 의미합니다.

1) 위엄과 권력은 같은 정도로 높아야 하기 때문입니다. 권세와 분리된 존엄성은 죽은 칭호에 지나지 않습니다. 그러므로 그리스도가 최고의 위엄과 영광을 가지신 것을 볼 때 그에게 최고의 권능이 부여되는 것도 당연합니다.
2) 그리스도가 주가 되셔서 그의 교회를 보존하고 영화롭게 하실 뿐만 아니라 교정하고 통치하셔야 하기 때문입니다. 그러므로 그는 이러한 목적과 필요에 적합한 능력과 정의와 힘을 모두 가지고 있어야 합니다. 주님은 이 모든 것을 직접 스스로 행사하실 뿐 아니라, 간접적으로 도구나 종을 통해 실행하실 수 있는 권리와 권능을 가지고 계십니다. 그러므로 그리스도께서 하늘과 땅의 모든 권세가 그에게 주어졌다고 공언하신 것입니다(마 28:18).

이제 이 권세는 그리스도께 주어졌으며, 중보자로서 그리고 하나님과

한 인격의 연합을 가진 사람으로서 가장 적절하게 그에게 속해 있습니다. 그가 사람의 아들 됨으로 말미암아 그것이 그에게 속합니다(요 5:27).

그리스도의 이 신성한 능력이 그의 원수들에게는 두려운 것이지만, 신자들에게는 굳건한 희망과 확신과 위로를 가져다줍니다(요 10:24). 그리스도께서 친히 말씀하신 것과 같이 믿는 사람은 영생을 얻었고 심판에 이르지 않습니다. 사망에서 생명으로 옮겨졌기 때문입니다(요 5:24). 로마서 8장 34-35절은 또한 그가 하나님 우편에 앉아 계시기 때문에 아무것도 우리를 그리스도의 사랑에서 끊을 수 없다고 증명합니다.

교리 5 그리스도는 이 권세를 고요하게 그리고 흔들리지 않게 소유하고 계십니다.

이런 의미에서 그가 하나님의 오른편에 앉으셨다고 말씀합니다.

1) 그가 그의 모든 대적을 사실상 이기셨으며, 실제로 그가 정하신 때가 되면 그들을 완전히 정복하고 멍에를 메게 하실 것이기 때문입니다.
2) 땅 위에나 땅 아래에 그의 소유물을 조금이라도 괴롭히거나 방해할 수 있는 것이 없기 때문입니다.
3) 그리스도의 이 상태는 언약과 신성한 약속으로 인해 불멸하고 변화가 없습니다. 그뿐 아니라 그 자체의 신성에 의하여 약속들이 성취되고 있습니다.

이러한 사실은 그리스도의 원수들에게는 공포와 놀라움을 안겨주지만, 그를 신뢰하는 모든 사람에게는 낙담했던 마음을 일으키고 일깨웁니다. 그는 권능과 위엄으로 하나님 우편에 앉아 계시며, 그곳에서 우리를 위해 간구하십니다.

> 19번째 주일

그리스도는 어떻게 재림하실 것입니까?

마태복음 25장 31-39절
인자가 자기 영광으로 모든 천사와 함께 올 때에 자기 영광의 보좌에 앉으리니 모든 민족을 그 앞에 모으고 각각 구분하기를 목자가 양과 염소를 구분하는 것 같이 하여 양은 그 오른편에 염소는 왼편에 두리라 그 때에 임금이 그 오른편에 있는 자들에게 이르시되 내 아버지께 복 받을 자들이여 나아와 창세로부터 너희를 위하여 예비된 나라를 상속받으라 내가 주릴 때에 너희가 먹을 것을 주었고 목마를 때에 마시게 하였고 나그네 되었을 때에 영접하였고 헐벗었을 때에 옷을 입혔고 병들었을 때에 돌보았고 옥에 갇혔을 때에 와서 보았느니라 이에 의인들이 대답하여 이르되 주여 우리가 어느 때에 주께서 주리신 것을 보고 음식을 대접하였으며 목마르신 것을 보고 마시게 하였나이까 어느 때에 나그네 되신 것을 보고 영접하였으며 헐벗으신 것을 보고 옷 입혔나이까 어느 때에 병드신 것이나 옥에 갇히신 것을 보고 가서 뵈었나이까 하리니.

이 본문은 마지막 날의 심판과 그 절차를 설명합니다. 그것은 두 부분으로 나눌 수 있는데, 그리스도의 오심과 최후의 심판입니다. 이 마지막 심판에는 오실 그리스도의 위엄과 영광이 기록되어 있습니다. 그리스도는 모든 인류를 모으고 선과 악을 분리하십니다.
구원의 선포는 하나님의 선하심에 그 근거가 있으며, 하나님의 축복에 의한 것입니다. 구원이 선언될 때, 그들의 자비의 행위가 관련된 표지로 언급됩니다. 이는 그리스도의 지체들이 그리스도와 맺은 관계 안에서 다른 지체들에게 행한 것입니다. 그리고 정죄의 선고는 같은 내용을 비교하면서 그 반대로 선고한 것입니다.

교리 1 보편적이거나 일반적인 심판은 가장 확실하게 이루어집니다.

이 심판을 보편적인 심판이라고 부르는데, 사람이 죽어서 이 세상을 떠날 때 행사되는 특별한 심판과는 구별됩니다. 이 심판은 모든 사람을 함께 포괄하여 심판하는 것이므로 보편적입니다. 모든 사람과 천사의 행위와 일반적인 문제에 예외 없이 판결이 내려질 것이기 때문입니다. 이것은 최후의 심판이라고도 부릅니다. 그 후에는 어떤 새로운 심판도 기대할 수 없기 때문입니다. 오직 심판의 집행만이 뒤따를 것입니다.

1) 그전까지는 사람에 대한 하나님의 심판이 완성되지 않았기 때문입니다. 하나님의 오래 참으심으로 말미암아 현세에서 악인은 많은 좋은 것을 누리고 선한 사람은 많은 악으로 고통을 당합니다. 이는 사람이 이생에서 심판받을 일을 행했으며, 온전하지 않았기 때문입니다. 그러므로 죽은 영혼에게만 임하는 심판보다 더 온전한 또 다른 심판이 뒤따라야 합니다. 이 최후의 심판은 반드시 때가 되면 올 것입니다.

2) 이 심판은 가장 확실한 하나님의 뜻입니다. 하나님께서 그리스도 안에서 그리스도에 의하여 가장 영광스러운 방식으로 모든 사람과 천사들 앞에 그의 자비와 공의를 나타내실 것입니다. 그의 자비와 공의가 공개적이고 엄숙한 영광으로 나타날 것입니다. 이는 우주적인 심판이며 최후의 심판입니다.

3) 이것은 또한 하나님께는 영광이요, 신실한 자에게는 기쁨입니다. 그러나 신실하지 않은 자에게는 혼란스럽고 당혹스러운 일입니다. 모든 사람은 하나님의 약속과 경고가 그들의 눈앞에서 완전하고 정확하게 성취되는 것을 보게 될 것입니다.

최후의 심판에 관한 말씀에서 우리는 우리 믿음과 희망이 확고하게 확인되고 강하게 뿌리내리도록 주의를 기울여야 합니다(벧후 3:3-4). 더욱이 우리는 모든 두려움과 떨림으로 이 심판의 날을 확신하고 기다리는 자로서 우리의 길을 살펴야 합니다(벧전 1:17; 벧후 3:11-12).

교리 2 우리 주 예수 그리스도께서 이 심판의 심판관이 되실 것입니다.
1) 심판은 왕의 직분과 권능에 속하기 때문입니다. 주님과 왕이신 그리스도께 모든 심판이 위임되었습니다.
2) 그리스도는 신자들의 이생에서의 구원을 결정하시는 분이기 때문입니다. 또한 그는 이생에서 그를 믿지 않는 자들에게 사형을 선고하시는 분입니다. 이생에서 이 양쪽의 판단이 마지막 심판에서 완전히 나타날 것입니다.
3) 그리스도께서 모든 원수와 대적하는 권세들로부터 완전히 승리하시고 그의 모든 종과 군사와 지지자들에게 면류관을 씌워 주어야 할 때가 바로 그때이기 때문입니다. 이것은 공개적이고 엄숙한 심판의 형태로 가장 확실하고 영광스럽게 이루어집니다.

이 사실은 신실한 자들에게 소망과 확신을 줍니다. 그들은 그들의 구속자이시며, 의롭게 하는 분이며, 거룩하게 하는 분이며, 중재자이시며, 변호자이신 분을 재판관으로 모실 것이기 때문입니다.

교리 3 그때의 그리스도의 영광은 무엇과도 비교할 수 없을 것입니다.
본문은 마지막 심판에서 영광스러운 천사들이 그의 시종들이 될 것이라고 말합니다. 그 심판의 과정에서 그의 보좌는 영광스러움을 나타낼 것이며, 그리스도의 영광은 그보다 더 탁월하게 나타날 것입니다.

1) 이 심판은 그리스도의 가장 높으심을 나타내기 때문입니다.
2) 그의 강림하심은 그분 안에서 하나님을 구하는 자들에게 영광을 주시려는 것이기 때문에 그리스도께서 가장 큰 영광중에 나타나시는 것이 합당합니다.
3) 그리스도는 대법관의 위엄으로 나타나십니다. 그가 가장 큰 영광으로 옷 입고 오시기 때문에 세상과 그리스도의 원수들은 공포와 혼란을 겪을 것입니다.

신자들에게는 그리스도와 함께 이 세상에서 져야 할 십자가와 모욕이 있습니다. 지금 우리가 그리스도의 십자가에 참여하는 것같이 그때에는 우리가 그의 영광에 참여할 것입니다.

교리 4 이 심판에서 경건한 자와 경건하지 않은 자의 상태는 서로 완전히 반대될 것입니다.

이것은 염소와 양을 분리하는 것으로 비유됩니다. 오른쪽에 있는 자는 축복을 받고, 왼쪽에 있는 자는 저주를 받습니다.

1) 경건한 자와 경건하지 않은 자는 이 세상에 있는 동안 그들의 삶과 방식에서 큰 차이와 반대됨이 있기 때문입니다.
2) 경건한 자에게 속한 약속과 경건하지 않은 자에게 속한 위협은 서로

반대되기 때문입니다.

3) 가장 큰 자비의 표현과 가장 큰 공의의 집행 사이에는 큰 격차와 반대됨이 있기 때문입니다.

경건치 않은 사람들에게서 우리 자신을 가능한 한 분리하십시오. 장소적으로는 그들과 우리 자신을 분리할 수 없지만, 내적인 마음과 외적인 대화에서는 그들의 불경건함과 전혀 달라야 합니다.

교리 5 경건한 자에게 주어지는 모든 축복의 원인은 하나님의 자비이며, 경건하지 않은 자에게 내려지는 저주의 원인은 그들 자신의 죄 때문입니다.

이것은 본문에서 경건한 자들이 아버지의 축복을 받았다고 일컬어지는 데서 분명히 나타납니다. 그러나 경건하지 않은 자들이 저주받는 것은 그들이 하나님 아버지에게서 나지 않았기 때문입니다. 그들을 저주하는 분은 하나님이십니다. 그리고 이 저주의 첫 번째 원인은 그들의 죄에 있습니다.

1) 모든 선은 최고의 선이신 하나님에게서 온 것이기 때문입니다. 그러나 형벌의 모든 악은 죄악에서 나옵니다. 이 악한 죄는 하나님이 정하신 법과 질서를 어기는 것으로서, 피조물 자체에서 비롯됩니다.
2) 생명의 축복은 하나님이 거저 주시는 선물이기 때문입니다. 그러나 죽음의 저주는 죄의 보상 또는 죄의 삯입니다(롬 6:5-23).
3) 하나님의 은총으로 인해 저주로부터 보호되는 것은 우리에게 필요한

축복입니다. 축복으로 인도하는 길을 소홀히 하거나 경멸하는 것 외에는 저주받지 않습니다.

우리에게 있는 모든 선한 일에 대해서는 항상 하나님께 영광을 돌리며, 우리에게 있는 모든 악한 일에 대해서는 항상 우리 자신을 돌아보며 회개해야 합니다.

교리 6 경건한 자의 축복은 그들이 그리스도 안에서 하나님과 함께 교제할 수 있는 것이며, 불경건한 자들의 저주는 그러한 교제에서 분리되는 것입니다.

이것은 본문에서 오른편에 있는 자들에게는 나아와서 복을 받으라고 하시며, 반대편에 있는 자들에게는 저주를 받고 떠나가라고 하신 말씀에서 분명히 나타납니다.

1) 하나님께 점점 더 가까이 다가가는 것 외에는 아무것도 바라지 않는 모든 경건한 자가 나아가는 종착지가 바로 이것이기 때문입니다. 반대로 불경건한 자들은 하나님 외에는 아무것도 피하지 않습니다. 그들은 하나님이 그의 은혜롭고 독특한 임재를 보여주기 위해 지정하신 것들을 피합니다.

2) 사람의 행복은 사람에게서 오는 것이 아니기 때문입니다. 그러므로 인간은 자신의 외부로부터 행복을 찾아야 합니다. 사람의 행복은 가장 큰 선과의 결합에서 오는데, 그것이 모든 행복의 원인이자 원천입니다. 그러므로 그것은 필연적으로 하나님과의 교제에 있습니다. 반

면, 이 친교의 박탈로 인해 인간에게 가장 큰 불행이 뒤따릅니다.
3) 우리 삶의 가장 완전한 행위는 하나님을 향해 친밀하게 나아가는 것이기 때문입니다. 반대로 모든 불행은 그러한 행동의 결핍과 부재로 일어납니다.

이 땅에서도 우리는 전적으로 이 행복에 사로잡혀 하나님과의 교제를 구하며, 그분과의 모든 분리를 피할 수 있습니다.

교리 7 이 축복의 특정한 표적과 증표는 선행이며, 이 저주의 표징과 증표는 악한 행위입니다.

이것은 본문에 대체로 명확하게 나타나 있습니다.

1) 선한 행위는 하나님의 동일한 은혜 또는 호의에서 나왔기 때문에 축복 자체가 그들에게 임합니다. 그러나 완고함과 결합된 악행은 하나님께서 저주하시고 심판하신 바로 그 악의에서 나옵니다.
2) 하나님은 거저 주시는 은혜로 선한 일에 복을 약속하시고 흠 없는 공의로 악행에 저주를 정하셨습니다.
3) 선한 일에는 축복을 얻으며, 악한 행위로는 저주에 이르게 됩니다.

우리는 삶의 모든 부분에서 행동에 각별한 주의를 기울여야 합니다. 사람은 자신의 행동에 따라 정죄를 받기도 하고 구원을 받기도 하기 때문입니다.

이것이 주께서 마지막 심판에서 신앙고백을 물어보시는 것이 아니라 행위를 보시는 이유입니다. 진정한 신앙고백에는 선행이 그 열매로 나오기 때문입니다(마 12:33).

20번째 주일

성령은 누구이십니까?

고린도전서 6장 19절
너희 몸은 너희가 하나님께로부터 받은 바 너희 가운데 계신 성령의 전인 줄을 알지 못하느냐 너희는 너희 자신의 것이 아니라.

본문의 말씀에는 음행과 그와 유사한 죄에 대한 가장 강력한 논거가 포함되어 있습니다. 그리스도인의 육체에는 이 죄와 정반대의 목적이 있기 때문입니다. 이것은 그 몸의 소유자이자 내주자인 성령으로부터 선언됩니다.

이 주제는 성전의 은유로 다시 설명됩니다. 우리 몸은 그에게 봉헌된 집이기 때문입니다. 사도는 이 주장을 더 명확하고 강력하게 전하기 위해 성령이 이 성전과 집의 소유자이므로 그분 자신도 그 안에 거하신다고 덧붙입니다. 그리고 우리가 성령과 맺는 이 관계는 그것의 유효 원인, 즉 그것이 하나님께 속해 있다는 것에서 설명됩니다.

교리 1 성령은 아버지와 영원한 아들과 함께 참되고 영원하신 하나님이십니다.

본문은 이 교리에 대한 많은 이유를 제시합니다.

1) 하나님과 한 영을 갖는 것은 하나님과 결합된 것과 같기 때문입니다 (고전 6:17).

2) 성전은 사람에게 드려진 것이 아니라 하나님께만 봉헌된 것이기 때문입니다. 사람이 성전 자리에 서 있을 수 없습니다. 그러나 여기서 가장 신성한 성전은 성령께 봉헌되었다고 합니다.

3) 성령은 우리가 권리와 의무에 의해 그분의 것이 되는 방식으로 우리 안에 계시기 때문입니다. 우리는 하나님의 정당한 소유가 됩니다.

우리는 우리의 믿음을 성부와 성자뿐 아니라 동일한 참 하나님이신 성령께로 올바로 향하게 해야 합니다. 부지런히 우리 자신을 돌아보며, 성령에게서 오거나 성령의 감동으로 된 거룩한 것을 소홀히 하거나 경멸하지 않도록 하십시오. 모든 경건의 행위는 오직 그 창시자이신 성령께 귀속됩니다. 이와 같이 모든 은혜의 은사도 이 은혜의 영으로 말미암아 우리 안에서 자라납니다. 그러므로 우리는 성령을 거스르지 않고 고의로 그에게 죄를 범하지 않도록 모든 일에 주의를 기울여야 합니다.

교리 2 성령은 신실한 자들에게 주어집니다.
본문은 이것을 명백하게 제시합니다.

1) 우리의 몸을 성령의 전이라고 하기 때문입니다.
2) 이것이 그분이 우리 안에 계시는 이유입니다.
3) 우리는 그를 소유하거나 하나님으로부터 그를 얻습니다. 성령이 우리와 특별한 관계를 가질 때 그것을 성령이 우리에게 주어진다고 말합니다. 이는 우리의 유익을 위한 것으로서 우리의 성화와 우리 영혼의 구원을 위한 것입니다. 그는 우리에게서 결코 나올 수 없는 그의 지극

히 거룩하신 성품에 합당한 일들을 우리 안에서 능히 역사하시기 때문입니다. 그러므로 성령의 은사를 또한 성령이라고 부르는데, 이는 환유법으로 말한 것입니다.

우리는 신성한 선물을 주신 하나님께 감사할 뿐 아니라 하나님의 이름을 부르며 기도할 수 있는 것에 감사해야 합니다. 이로써 하나님은 우리를 보호하시고, 더욱더 많은 은사로 우리와 교통하십니다(눅 11:13).

성령께서 근심하신다고 말하는 모든 일에 주의를 기울이십시오. 성령의 거룩함을 거스르는 죄와 싸워야 합니다. 이러한 죄들은 성령이 우리 안에 거하실 수 없게 하며, 성령을 우리에게서 떠나시게 합니다.

교리 3 성령은 우리의 영혼뿐 아니라 우리의 몸에도 전달됩니다.
따라서 본문은 우리 몸을 성령의 성전이라고 부릅니다.

1) 그리스도께서 우리의 영혼만 구속하신 것이 아니라 전인(全人)을 구속하셨기 때문입니다. 따라서 성령은 전인을 하나님과 그리스도께 복종시키십니다.
2) 영적인 삶의 많은 의무를 몸으로 수행해야 하기 때문입니다. 그러므로 몸은 성령께 복종해야 하며 성령의 그릇이나 도구로서 전적으로 성령의 능력 안에 있어야 합니다.
3) 우리 몸은 죄에 대한 책임이 있으며, 죄에 의해 죽음에 이르기 때문입니다. 우리는 우리 안에 거하시는 성령에 의해 죄로부터 자유해야 합니다(롬 8:11).

우리는 죄가 우리의 몸에서 왕 노릇 하도록 허용해서는 안 됩니다. 우리 지체를 불의의 무기로 죄에게 내주지 말고 오직 의의 무기로 하나님께 드려야 합니다(롬 6:12-13).

본문 20절 말씀처럼 우리는 우리의 몸으로 하나님께 영광을 돌려야 합니다. 우리의 몸을 잘 관리해야 합니다. 이는 우리 몸으로 영적인 일들을 하기 위해서입니다. 이것이 하나님의 성전으로서 우리가 마땅히 해야 할 일입니다(롬 12:1).

교리 4 성령의 내주하심은 우리 안에 있는 죄의 주관을 물리칠 수 있는 수단입니다.

이것은 본문에서 논증하는 것입니다. 하나님의 성전은 매춘과 같은 죄로 더럽혀질 수 없기 때문입니다.

1) 하나님의 성전과 우상은 일치될 수 없습니다. 비슷한 논리로, 살아 계신 하나님의 성전인 우리는 죄와 일치될 수 없습니다(고후 6:16).
2) 성령께서 신자들 안에 거하시기 때문에 그가 그들에게 거룩함을 나누어 주십니다. 그의 본성과 이름이 그렇듯이 그의 거하심과 활동도 모든 경건치 않은 것과 충돌이 됩니다.
3) 성령의 거처인 성전에 죄의 왕국이 우세한다면 이는 성령을 욕되게 하는 것입니다. 성령의 인도를 받는다고 공언하는 사람이 합당하지 않게 행동하는 것으로 인해 불경한 사람들이 하나님과 성령의 이름을 모독하고 조롱한다면, 헛된 고백자는 성령을 모독하는 것입니다.

성령의 전을 강도의 소굴이나 부정한 짐승의 우리로 만드는 자들은 책망을 받아야 합니다. 우리는 우리의 영혼이나 육신에 죄지을 여지를 주지 말고, 가능한 한 그리스도를 본받아 마태복음 21장 12절에 기록된 대로 하나님의 성전에서 장사하는 자들을 쫓아내야 합니다(요 2:15).

교리 5 모든 신자는 그들 안에 내주하시는 성령에 대한 믿음과 경험을 가져야 합니다.

1) 이것이 우리의 구원에 속한 가장 큰 은혜이기 때문입니다.
2) 하나님께서 우리에게 값없이 주신 나머지 모든 것을 아는 지식이 이 은혜에 달려 있기 때문입니다(고전 2:12). 고린도후서 13장 5절에서는 "예수 그리스도께서 너희 안에 계신 줄을 너희가 스스로 알지 못하느냐"라고 하며, 고린도전서 3장 16절에서는 "하나님의 성령이 너희 안에 계시는 것을 알지 못하느냐"라고 하시기 때문입니다.

우리는 성령께서 우리 안에 거하신다는 것을 깨닫고 그 안에서 위로를 받을 때까지 우리 자신을 시험해야 합니다. 그렇게 할 때 우리는 성령께서 우리 안에 내주하시는 것을 느낄 수 있습니다. 이 지식이 살아서 우리 안에 능력으로 나타나게 해야 합니다. 이것이 사도가 본문에서 의도하는 바입니다. 호색과 더러운 삶은 성령이 내주하는 사람과 일치될 수 없습니다.

21번째 주일

교회는 무엇입니까?

에베소서 5장 25-27절
남편들아 아내 사랑하기를 그리스도께서 교회를 사랑하시고 그 교회를 위하여 자신을 주심 같이 하라 이는 곧 물로 씻어 말씀으로 깨끗하게 하사 거룩하게 하시고 자기 앞에 영광스러운 교회로 세우사 티나 주름 잡힌 것이나 이런 것들이 없이 거룩하고 흠이 없게 하려 하심이라.

사도는 이 구절에서 남자들에게 아내에 대한 사랑의 의무를 일깨웁니다. 교회에 대한 그리스도의 사랑의 모범을 통해 이 의무를 설명하고 우리에게 확신을 줍니다. 교회를 향한 그리스도의 사랑은 자신을 주신 것입니다. 그 목적은 영광스러운 교회를 세우기 위한 것이었습니다. 그리스도는 자신의 죽음으로 교회를 거룩하게 하시고 자신을 위해 교회를 정화하셨습니다. 그리스도는 교회를 영광스럽게 하시며, 교회는 그리스도와 연합의 관계를 맺습니다. 교회와 그리스도와의 연합의 관계는 육체적인 방식이 아니라 가장 영적이고 은밀한 방식으로 이루어진 신비입니다.

교리 1 교회는 택함 받은 자들의 공동체입니다.

본문은 남편의 사랑이 그의 아내를 향하는 것처럼 교회를 향한 그리스도의 사랑이 그와 같다고 묘사합니다. 그리스도가 교회를 사랑하시는 것은 그의 선택입니다. 교회는 영생으로 택함을 입은 무리로 이해해야 합니다. 그 선택은 하나님의 절대적이고 내적인 계획에 있습니다. 선택은 부르심의 효과와 그것에 따르는 축복으로 나타납니다. 아직 부르심을 받지 않은 택함 받은 자들은 아직 교회의 회원이 아닙니다.

실제적인 부르심이 있어야 선택의 효과가 나타납니다. 이것은 그를 교회의 회원으로 만듭니다. 선택된 자에게 내적 선택의 첫 번째 효과는 유효한 부르심입니다. 이것은 시간에서 일어나는 외적인 효과입니다. 그러므로 교회의 이름은 칭의, 성화, 혹은 영화에서가 아니라 이 부르심에서 비롯되었습니다. 유효한 부르심의 수단으로 실제적인 신자들의 공동체가 나타나는데, 그들은 그 부름에 실제적인 믿음으로 응답하는 사람들입니다.

그러면 우리는 어떻게 우리의 효과적인 부르심을 확신할 수 있습니까? 우리가 선택의 확신을 얻을 수 있는 방법은, 진정한 믿음과 거짓 없는 회개에 대한 자신의 내적 느낌과 경험을 통해서입니다. 즉 우리 마음에 작용하는 것과 그에 따른 결과를 통해 우리의 선택을 확신할 수 있습니다.

교리 2 교회는 그리스도의 몸입니다.

1) 교회는 세속적인 도시나 연방공화국에서 볼 수 있는 정치적인 단체가 아닙니다. 인체와의 유사성에 의해 그리스도의 몸이라고 불립니다. 그러나 그것은 인간의 몸과 같은 자연적인 몸에 더 가깝습니다. 교회를 그리스도의 몸이라고 부르는 이유는 교회가 그리스도의 살 중의 살이며 뼈 중의 뼈로서, 그리스도와 연합되어 있기 때문입니다.

2) 교회의 머리이신 그리스도께 의존하기 때문입니다. 민감한 피조물의

모든 감각과 움직임이 머리에서부터 모든 특정 지체에 파생되는 것과 마찬가지로 모든 영적인 덕도 그리스도로부터 영향을 받아 인간에게 전달됩니다.

3) 신자들이 그리스도 안에서 갖는 일치와 친교, 곧 성도들의 친교 때문입니다. 믿음, 사랑, 성령으로 말미암아 그들은 그리스도 안에서 하나님과 합당하게 결합됩니다. 그러나 믿음으로 오직 그리스도 안에서만 하나님과 합당하게 결합됩니다. 가장 적절하게는 자선에 의해 서로 결합됩니다.

모든 신자는 그리스도의 몸에 합당한 큰 존엄에 참여하게 되었습니다. 이는 신자들에게 위로를 줍니다. 그러나 한편으로 우리는 우리 삶에서 이 지극히 거룩한 그리스도의 몸을 욕되게 해서는 안 됩니다. 우리의 모든 관심과 부지런함으로 우리의 대화가 지극히 거룩하신 그리스도와 그분과 친밀한 관계를 가진 사람들에게 합당하게 해야 합니다.

교리 3 말씀을 받아들이는 교회는 유일하고 거룩하며 보편적입니다.

교회는 그리스도의 한 몸을 만들기 때문에 하나입니다. 그리스도는 하나 이상의 몸을 가지고 있지 않습니다. 교회는 그리스도에 의해 거룩하고 순결하게 되었습니다. 세상과 분리됨으로써, 칭의로 교회의 죄가 용서됨으로써, 이 세상에서 성화됨으로써, 다가오는 세상에서 완전케 됨으로써, 교회는 거룩합니다. 교회는 보편적입니다. 모든 국가와 모든 시대, 모든 장소의 모든 선택된 자와 신실한 사람들로 오직 하나의 신비로운 그리스도의 몸을 구성하기 때문입니다.

그리스도의 신비에 속하는 교회를 가시적인 교회로 강요하는 교황주의자들의 주장에 반대해야 합니다. 가톨릭은 보편적인 교회의 교리를 자신들의 정치적 주장을 위해 오용하고 있습니다.

진정한 믿음을 가진 자들만이 교회의 회원입니다. 진정한 신자에게는 족장 시대나 선지자 시대, 사도 시대를 막론하고 모든 시대에 동일한 조건이 요구됩니다.

교리 4 그리스도께서 자신의 죽음으로 인간을 위해 마련하신 모든 혜택은 이 교회에 속하며, 이 교회와 관련되어 있습니다.

본문은 그리스도께서 당신의 교회에 대한 사랑으로 모든 일을 하셨다고 말합니다.

1) 영광스럽게도 어떤 사람들에게 그리스도를 통해 은혜를 베푸시는 것이 하나님의 지혜로운 목적과 의도였기 때문입니다. 그렇지 않았다면 그리스도의 성육신과 삶과 죽음의 전체 경륜은 불확실한 성공이거나 사건이었을 것입니다.
2) 그리스도는 이것을 그의 공로로 세우셨을 뿐만 아니라, 또한 그것을 이루시고 그의 효능이나 권능으로 완전하게 하셨기 때문입니다.

교회 전체에 공통으로 말하는 것은 그 교회의 각 구성원 모두에게 적용됩니다. 교회는 신자들의 집합체로서 함께 모인 것으로 간주됩니다. 한 몸으로 결합되었기 때문입니다.

22번째 주일

몸의 부활은 어떻게 일어납니까?

빌립보서 3장 20-21절

그러나 우리의 시민권은 하늘에 있는지라 거기로부터 구원하는 자 곧 주 예수 그리스도를 기다리노니 그는 만물을 자기에게 복종하게 하실 수 있는 자의 역사로 우리의 낮은 몸을 자기 영광의 몸의 형체와 같이 변하게 하시리라.

신자들이 거짓 선생이 아닌 참된 사도를 따라야 하는 이유가 이 말씀에 있습니다. 거짓 선생들은 세상의 것에만 관심이 있습니다. 그러나 참된 사도들은 하늘의 것에 관심을 가집니다. 장차 올 영광은 영혼에만 국한되지 않고 몸에도 적용됩니다. 본문은 그리스도의 몸의 비유로 우리의 몸도 영광스럽게 될 것을 말합니다.

교리 1 사람의 몸의 부활은 반드시 있어야 합니다.

이것이 본문에서 가르치는 내용입니다. 신자들은 부활로 영화롭게 된 그리스도의 몸을 본받게 될 것입니다. 그 근거는 두 가지, 곧 하나님의 능력과 성경의 진리입니다. 그리스도는 친히 사두개인들에게 대답하시며, 그들이 부활에 관하여 성경과 하나님의 능력을 알지 못한다고 말씀하셨습니다. "예수께서 대답하여 이르시되 너희가 성경도, 하나님의 능력도 알지 못하는 고로 오해하였도다"(마 22:29).

하나님께서 그의 능력으로 우리의 몸을 다시 살리시는 것은 얼마든지 가능한 일입니다. 하나님께서 처음 만물을 지으신 것과 같이 쉬운 일입니다. 무에서 만물을 지으시는 것과 땅의 진흙으로 사람을 만드는 것은 하나님께 쉬운 일이었습니다. 그러므로 성경에서 이 부활의 진리와 확실성이 그 증언에 의해 명시적으로 선언됩니다.

1) 인간은 영원을 위해 창조되었기 때문에 인류 전체가 본성을 거스르는 죽음에서 해방되어야 다시 영원에 도달할 수 있기 때문입니다.
2) 신성한 섭리의 형평성은 현세에서 행한 수고와 일에 보상이 있어야 한다는 것을 요구하기 때문입니다.

부활은 기독교 신앙의 주요 항목 중 하나입니다. 이 진리에 대한 우리의 믿음을 확고히 해야 합니다.

교리 2 부활의 몸은 비록 그 본질과 성질에 있어서는 다르지만, 우리가 가졌던 것과 같은 몸입니다.

본문에서는 우리의 몸이 변형될 것이라고 말합니다. 이것은 우리 몸의 본질은 그대로 유지되고 외형이나 모양, 또는 성질과 얼굴에 나타나는 빛과 기색이 변화된다는 것으로 이해해야 합니다. 이뿐 아니라 우리는 그리스도의 몸의 방식을 따라 변모한다고 합니다. 그리스도는 이전과 같은 살과 뼈를 가지셨으며, 이것을 제자들에게 나타내셨습니다.

1) 인간이 이전에 악을 행하거나 선을 행하기 위해 사용했던 바로 그 몸

에 상이나 형벌이 주어질 것이기 때문입니다.
2) 그렇지 않으면 부활 후에 그 사람은 같은 사람이 아니며, 이전에 존재했던 사람이 아니기 때문입니다.
3) 사람이 이전에 가졌던 물질을 하나님이 영화롭게 하시는 것은 다른 것들과 마찬가지로 하나님께 쉽기 때문입니다.

이단자들은 자신들의 독단적인 허구와 공상을 참된 교리와 혼합합니다. 그들은 부활 후에는 같은 몸이 아니라고 주장합니다. 우리는 이것을 논박하여 물리쳐야 합니다.

교리 3 신자들은 부활 후에 완전함과 영광과 영원한 행복을 얻을 것이며, 그곳에서 그들은 다시 그들의 몸을 입을 것입니다.

본문에서 이 영광은 부분적으로는 영혼에 있고 부분적으로는 몸에 있습니다. 그러나 두 부분에서 모든 불완전함이 제거되고, 모든 사람이 받기에 합당하다고 생각되는 완전함이 전달될 것입니다. 영혼 안에는 하나님의 열매가 있을 것이며, 이로써 바라는 모든 것이 어떤 탁월한 방식으로 이루어질 것입니다. 또한 축복받은 천사들에게 있는 것처럼 모든 은사와 덕에 충만한 완전함이 있을 것입니다. 이 영광은 몸으로 흘러들어 올 것이며, 그들은 천상의 몸과 같이 될 것입니다.

1) 초자연적인 복을 주시는 하나님의 목적은 자신을 영화롭게 하는 것입니다.
2) 그리스도는 이미 자신을 영화롭게 하셨기 때문에, 이것은 우리의 영

광의 패턴입니다.
3) 위엄의 순서와 하나님의 은혜로운 임명에 따라 신자들은 그리스도 다음으로 복된 천사들과 함께 그들의 자리를 차지하게 될 것입니다.

우리는 우리가 받은 이 영광의 위대함을 묵상하고 떠올리는 가운데 하나님께 감사하고 이 세상의 것들을 멀리해야 합니다.

교리 4 우리 몸이 죽은 자 가운데서 부활하여 영화롭게 되는 것은 그리스도의 가장 강력한 역사로 말미암습니다.

1) 그것은 하나님의 지극히 크신 능력의 역사이기 때문입니다(엡 1:19).
2) 우리 몸의 가장 놀라운 소생은 모든 생명의 근원이신 하나님, 모든 생명을 살아 있게 하시는 하나님에게서 와야 하기 때문입니다. 그러므로 신자의 부활은 성부만이 아니라 성자와 성령에도 기인하는 것입니다(롬 8:11).

교리 5 그리스도의 중보 직무는 우리의 영혼을 소생시키고 영생을 얻게 합니다.

1) 그리스도는 그의 공로로 우리에게 영생을 얻게 하실 뿐 아니라 그의 능력으로 영생을 실제로 이루게 하시는데, 이것이 그리스도의 중보 직분에 속하기 때문입니다.
2) 중보자이신 그리스도께서 머리이시기 때문에 그분으로부터 생명의 영이 나오고 우리에게 전달되어 우리의 몸뿐 아니라 영혼도 소생됩니다. 특히 현세에서는 우리 영혼이 소생되며, 부활의 날에는 우리 몸이

소생됩니다.

3) 중보자이시며 인자이신 그리스도는 하나님의 아들로서 개인적으로 신격 안에서 연합하여 세상을 심판하실 것이기 때문입니다(요 5:27). 심판자의 능력이 그리스도께 속해 있으므로 재판받을 당사자들을 그 앞에 나오게 하실 수 있습니다.

우리는 기도할 때나 묵상할 때, 그리스도의 능력의 위대하심과 그 탁월하심을 바라보아야 합니다. 바울은 에베소 교회가 그렇게 되기를 소원했습니다(엡 1:17-20). 그리스도의 능력을 바라볼 때 그리스도에 대한 우리의 믿음과 확신이 세워집니다. 이 세상과 지옥의 모든 공포에 맞서 무장하게 됩니다.

우리는 그리스도가 하신 것에 우리의 영혼을 맡겨야 합니다. 그리스도는 약속하신 모든 것을 행하실 수 있기 때문입니다. 우리는 그리스도를 찾아야 합니다.

교리 6 우리는 이 지상에서 장차 올 영광을 바라보아야 하며, 이 땅에서 하늘의 삶을 추구해야 합니다.

이는 본문의 시작 부분에서 말한 것입니다. 우리는 앤서니 버게스(Anthony Burgesses)가 말한 것과 같이 천국의 시민으로 행동해야 합니다.

1) 우리의 보물이나 가장 좋은 것이 있는 곳에 우리의 마음도 있기 때문입니다. 그리고 마음이 있는 곳에 우리의 전체가 있습니다. 우리의 보물과 최고의 선은 천국에 있습니다. 그러므로 우리의 마음도 천국에

있으며, 우리의 대화는 하늘에 대한 것이 됩니다.
2) 많은 사람이 세상적인 것에 마음을 두고 있으며, 그 가운데 침몰하고 있습니다. 이들은 하늘의 축복을 바라볼 수 없습니다. 그것을 가치 있는 것으로 여기지 않기 때문입니다.
3) 우리는 천국 시민으로 부르심을 받았습니다. 그러므로 자기를 부인하고 세상에 마음을 두지 않으며, 하나님 나라와 그의 의로우심과 영광을 구해야 합니다.
4) 우리가 그리스도를 믿고 소망하며, 우리 마음의 눈을 우리 구원의 대장이자 본이 되시는 그분께 고정하는 동안, 우리는 그의 형상으로 변화되기 때문입니다(요일 3:3; 고후 3:18).

우리에게 이러한 믿음과 소망이 있는지 우리의 영적 상태를 분별해야 합니다. 우리의 마음을 일깨워 더 부지런히 연구하고 모든 경건에 힘써야 합니다.

23번째 주일

칭의는 무엇입니까?

로마서 3장 24-25절

그리스도 예수 안에 있는 속량으로 말미암아 하나님의 은혜로 값 없이 의롭다 하심을 얻은 자 되었느니라 이 예수를 하나님이 그의 피로써 믿음으로 말미암는 화목제물로 세우셨으니 이는 하나님께서 길이 참으시는 중에 전에 지은 죄를 간과하심으로 자기의 의로우심을 나타내려 하심이니.

사도는 본문의 앞 구절에서 모든 인류가 가장 심각한 죄책 아래 있으며, 따라서 그들이 구원받기 위해서는 칭의가 필요하다는 것을 증명했습니다. 어떤 사람도 율법으로는 의롭다 함을 얻을 수 없기 때문입니다. 바울은 이것을 로마서 5장 20절에서 그의 설교 결론으로 정했습니다. 이것으로부터 그는 칭의가 그리스도 예수 안에서 제안된 복음의 방식으로 추구되어야 한다는 결론을 내립니다. 인간은 자연적 능력으로나 율법을 지켜서 의롭게 될 수 없습니다. 인간이 의롭게 되는 것은 필연적으로 복음에 의한 것이어야 합니다.

교리 1 우리를 의롭게 하시는 분은 하나님이십니다.

하나님은 우리에게 의를 주입하시거나 의로운 일을 하는 데 적합하게 하심으로써 우리를 의롭게 하시지 않습니다. 이러한 주장은 교황주의자들의 오류입니다. 하나님은 우리를 의롭다 하신다고 말씀하십니다. 그분의 사법적 판결에 따라, 우리에게 주신 그리스도의 의로 말미암아 우리를 모든 죄에서 사하시고 영생에 이르는 완전히 의로운 자로 간주하시기 때문입니다.

칭의는 단계적으로 하나님에 의해 이루어집니다. 첫째, 그의 영원하신 뜻과 작정으로 영원 전부터 우리를 의롭다 하려 하신 것입니다. 둘째, 죽은 자 가운데서 다시 살아나신 그리스도 안에서 우리는 의롭다 하심을 얻었습니다. 아담이 죄를 지었을 때 그의 모든 후손은 사실상 율법에 의해 사형 선고를 받았고, 그들은 실제적인 죄인이었기 때문에 실제로 정죄를 받은 것과 같은 원리입니다. 셋째, 하나님은 성령의 역사로 그리스도를 우리에게 적용하셔서 실제적이고 형식적으로 우리를 의롭게 하십니다. 넷째, 하나님은 이 그리스도의 적용을 우리가 알고 평화와 기쁨을 가질 수 있게 하시며, 우리가 의롭게 된 것을 인식하고 느끼게 하십니다.

1) 우리가 죄를 지어서 하나님의 위엄을 거슬렀기 때문입니다(삼상 2:25). 따라서 우리의 죄는 반드시 용서함을 받아야 합니다.
2) 죄책은 율법의 의무와 하나님의 공의와 진리에 달려 있기 때문입니다. 그러므로 그것은 율법 위에 있고 처음 율법을 만드신 하나님 외에 누구도 죄책을 제거할 수 없습니다.
3) 칭의에 의해 우리는 하나님의 은총과 영생을 얻었고 하나님 자신이 우리에게 주어졌기 때문입니다. 이 모든 것은 오직 하나님만이 하실 수 있는 일입니다.

교황주의자들은 인간의 전통과 그들 자신의 권위로 의롭다 함을 얻는 방식과 수단을 만들었습니다. 그들은 사람을 의롭게 하는 것이 자신들의 능력에 있는 것처럼 행동합니다. 그러나 로마서 8장 33절에 기록된 대로, 우리를 의롭다 하시는 분은 오직 하나님뿐이십니다.

교리 2 칭의는 적합하고 순수하며, 무한한 은혜 또는 호의입니다.

본문에서는 그의 거저 주시는 은총을 말합니다. 칭의에서 하나님의 은혜는 다음과 같은 순서에 따라 나타납니다. 첫째, 하나님은 우리의 죄에 대한 보복과 공의의 권리를 행사하지 않으시고 화해의 여지를 남기셨습니다. 둘째, 하나님은 화해의 방식과 수단을 만드시고 그것을 계시하셨습니다. 셋째, 이 화해를 이루기 위해 독생자를 아끼지 않으셨습니다. 넷째, 우리에게 아무런 공로나 가치가 없는데도 우리를 그의 아들 우리 주 예수 그리스도께 접붙여서 화해에 참여하게 하셨습니다. 이것은 우리가 의롭다 함을 값없이 받는 데 전적으로 필요한 일이었습니다.

1) 율법과 그것을 지키는 것으로는 죄인을 의롭다 할 수 없기 때문입니다 (롬 8:3-4).
2) 죄인을 의롭다 하는 데는 죄의 용서가 필요하기 때문입니다. 모든 용서는 거저 주시는 호의입니다.
3) 칭의에는 의와 영생의 값없는 증여가 있기 때문입니다. 이것은 죄인들에 대한 특별한 은혜와 호의가 없이는 행해질 수 없습니다.

사도는 교황주의자들의 공로로 인한 칭의에 반대합니다. 신자들은 자신들의 무가치함 때문에 마음이 흔들릴 수 있습니다. 이때 우리의 모든 칭의가 우리 자신의 가치나 공로가 아니라 하나님의 거저 주시는 은총이나 은혜에 달린 것을 기억해야 합니다. 이는 우리에게 위안이 됩니다. 항상 이 하나님의 은혜에 감탄하고 하나님께 감사해야 합니다.

교리 3 우리에게 전가되거나 우리의 것으로 간주된 예수 그리스도의 순종은 우리를 의롭게 하며, 우리 모든 의의 기초가 됩니다.

이는 본문에서 말하는 것처럼 예수 그리스도께서 행하신 속량으로 말미암은 것입니다. 그리스도께서 우리의 유익을 위하여 행하신 일로 말미암아 우리가 하나님을 기쁘시게 하는 것이 됩니다. 하나님이 우리에게 의롭다는 선고를 내리실 때 우리가 진정으로 의의 옷을 입은 것처럼 보인다는 점에서 그것은 참으로 우리의 것이 되었습니다. 이는 나 자신의 의가 아니라 그리스도의 것입니다(빌 3:9).

1) 이것이 하나님의 공의와 자비에 가장 합당하기 때문입니다.
2) 만약 우리가 만족스러운 의로움이나 수행된 순종의 전가 없이 의롭다고 선언 받았다면 그러한 선고에 대한 정당한 근거는 자신에게서 나온 것이 아니라 선물로 주어진 것입니다.
3) 이로써 우리는 신성한 의, 즉 하나님 자신의 의를 갖기 때문입니다. 이것은 하나님이신 그리스도께서 한 인격 안에서 하나님-인간으로서 우리를 위해 행하신 것입니다. 그러므로 우리는 이것에 의지하여 더 큰 확신으로 하나님 앞에 나아갈 수 있으며, 하나님의 손에 있는 모든 신성하고 선한 일에 대한 희망을 가질 수 있습니다.
4) 이로써 우리는 그리스도께서 이루신 구원을 소유하기 때문입니다.

교황주의자, 재세례파, 알미니안주의자들은 우리의 칭의가 우리의 행위에 달려 있다고 주장하는데, 이는 오류입니다. 그리스도의 구속 또는 대속으로 우리가 의롭다 하심을 받았고 죄와 죽음에서 해방되었습니다. 우리는 합당한 감사를 그리스도께 드려야 합니다.

교리 4 예수 그리스도의 순종은 우리가 믿음으로 받아들이고 붙잡은 것에 의해 우리를 의롭게 하는 강력한 힘이 있습니다.

1) 믿음의 본질과 의무는 죄를 용서받기 위해 그리스도를 의지하고 그리스도 안에 있는 하나님의 은혜와 자비를 의지하는 것입니다.
2) 우리가 믿음으로 그리스도와 연합하여 그에게 접붙임을 받은 것은 그리스도 안에서 우리를 위하여 예비된 그의 모든 축복에 참여하는 자가 되는 것입니다.
3) 믿음은 하나님의 모든 약속을 받고 붙잡고 품기 때문입니다. 죄의 용서와 의는 그 안에서 주요한 위치에 있습니다.

칭의에서 우리가 관심을 가져야 할 것은, 우리의 믿음과 확신을 그리스도께로 향하게 하고 그것을 점점 더 일깨우며 확증하여 견고하고 풍부한 위로를 얻는 것입니다.

24번째 주일

어떤 믿음이
의롭게 하는 믿음입니까?

야고보서 2장 22절
네가 보거니와 믿음이 그의 행함과 함께 일하고 행함으로 믿음이 온전하게 되었느니라.

여기서 야고보는 믿음이 없는 자들, 즉 선한 행실이 없는 자들에 대해 말하고 있습니다. 사도는 이러한 믿음은 의롭다 함을 얻는 믿음이 아니라고 결론을 내립니다. 이 결론은 야고보서 2장 14절, 17절, 20절, 22절, 24절에서 다양한 표현으로 반복되고 있습니다. 그러나 이것은 모두 하나의 동일한 의미를 가집니다. 사도가 증명하는 이 결론은 교황주의자들이 생각하는 것처럼 선행이 하나님 앞에서 우리를 의롭게 하는 원인이 아니라는 것입니다. 우리의 행위가 그 속에 어떤 진리가 담겨 있든지 상관없이 사람들 앞에서 우리를 의롭게 한다는 것도 아닙니다. 의롭게 하는 믿음은 선한 행실로 말미암아 역사하고 그 작용을 발휘한다는 것입니다.

이 모든 것의 결론이 22절에 나와 있습니다. 참되고 의롭게 하는 믿음은 선한 행실의 열매를 맺으며, 이 선한 행실은 믿음의 목적이자 온전함이라는 것입니다. 믿음의 온전함이란 믿음의 완성, 표현, 성취를 가리킵니다. 믿음은 선한 행실에 협력한다고 말하는데, 이는 믿음이 하나님의 명령과 함께 선한 행실을 산출하는 힘을 제공하기 때문입니다. 믿음이 행위의 내적이고 형식적인 완성인 것처럼, 행위는 믿음의 외적 완전성을 포함하고 보여줍니다. 행위가 믿음에서 흘러나오는 만큼, 모든 결과는 그 자체로 그 과정의 완전함을 포함합니다. 행위의 내적 완전성인 믿음에서 오는 힘과 미덕에 참여하기 때문입니다.

교리 1 우리의 선행은 우리를 의롭게 하는 원인이 아니라 의롭게 된 사람의 결과이자 열매입니다.

본문에서 행위는 믿음의 효과입니다. 믿음과 칭의는 상대적인 성질에 따라 본질적으로 하나이거나 함께하는 것입니다. 즉, 참된 신자와 의롭게 된 사람은 같습니다. 그러므로 선행이 믿는 자의 결과라면, 또한 의롭게 된 자의 결과이기도 합니다. 행위가 우리를 의롭게 하지 않는다는 것은 네 가지 이유에서 분명합니다.

1) 신자는 행위 언약 아래 있지 않으므로 행위로 의롭게 될 수 없기 때문입니다. 오히려 우리가 행위를 의지한다면, 그것에 의해 정죄를 받게 됩니다. 그것 중 어떤 것도 율법이 요구하는 데까지 이르지 못하므로 모두 죄가 있고 불완전합니다.
2) 우리의 모든 선행은 빚이므로 합당하게 공로를 인정받거나 용서받을 자격이 없습니다.
3) 우리가 하는 선행은 우리의 힘으로 하는 것이 아니라 하나님의 은혜로 되는 것이기 때문입니다.
4) 우리의 최선의 선행은 그 자체로 불완전하고 많은 부정함으로 더럽혀져 있기 때문입니다.

우리의 선행이 불완전하기 때문에 우리는 스스로 의롭게 하는 어떤 힘도 가지고 있지 않습니다. 성령으로 인한 선행이 공로나 칭의를 보충하는 역할을 하지 못하는 것은, 성령이 우리와 한 인격으로 결합되지 않으시기 때문입니다. 그리스도의 일은 신성한 공로와 가치가 있습니다.

성령은 우리 선행의 주된 원인이기는 하지만, 그 자체로 외적 효력을 지니며, 사람과 개인적으로 연합해서 행하는 것이 아닙니다. 우리의 행위에 따라 주어지는 보상은 우리의 공로가 아니라 하나님의 거저 주시는 은혜입니다. 보상은 일의 공로보다는 일꾼의 인격에 은혜와 선의로 주어집니다.

우리는 하나님 앞에서 우리 자신이나 우리의 행위를 결코 자랑해서는 안 됩니다. 우리가 할 수 있는 모든 일을 다 했을 때, 우리는 주님께서 친히 가르쳐 주신 대로 자신이 무익한 종에 불과하다는 것을 인정하고 자신의 행위를 의지하지 말아야 합니다.

교리 2 선행은 필연적인 일관성에 의해 참된 믿음을 따릅니다.

본문에서 믿음은 선한 행실 안에서 함께 일하고 선한 행실로 믿음이 온전하게 된다는 것을 알 수 있습니다. 믿는 자에게는 선한 행실이 필요합니다.

1) 수단이 없이는 목적에 도달할 수 없습니다. 목적이신 하나님과 그의 영광에 대해서 우리는 행위 없이는 하나님의 즐거움에 이를 수 없으며, 마땅히 해야 할 일로서 그를 영화롭게 할 수 없습니다. 교회와 교회 밖에 있는 사람들에 대해서도 선행 없이는 덕을 세울 수 없습니다. 선한 사람은 본보기가 되는 선한 행위로 점점 더 교화됩니다. 그리고 다른 이들에게는 그들의 바른길을 분별할 수 있는 희망의 빛이 비추어집니다.

2) 우리의 선택과 부르심은 선한 행위를 위한 것이기 때문에, 구원의 은

혜는 순종의 성향으로 나타나며 우리의 양심에 더욱 확신을 줍니다. 새창조 안에는 새로운 순종의 길이 있고 오직 생명으로 인도하는 복음적 감사가 있기 때문입니다. 또한 거룩함은 내적인 것일 뿐만 아니라 외적인 것입니다. 거룩함은 구원받는 사람에게는 분리될 수 없는 성품 또는 자격이므로 거룩함이 없이는 아무도 하나님의 위로나 행복을 볼 수 없습니다.

3) 그것은 종말의 필요에 의한 것입니다. 선택과 구속과 부르심은 우리가 모든 거룩함과 의로움으로 하나님과 그리스도를 위하여 살게 하는 이 목적을 지향하고 바라보기 때문입니다. 우리는 우리의 활력과 온 힘을 다해 이 목적을 달성하기 위해 노력합니다.

4) 선행은 자연적 필요에 의한 것입니다. 좋은 나무에서 좋은 열매가 나는 것과 같습니다. 선한 행실은 참된 믿음에서 나옵니다. 믿음에서 오는 영적 생명(의인은 믿음으로 산다는 것)도 항상 선한 일에서 영적 생명의 고유한 작용과 행위로 나타납니다.

신앙의 씨앗이 어떤 사람의 마음에 얼마 동안 남아 있지만, 열매는 거의 발견되지 않는 경우가 있습니다. 그러나 이것은 믿음의 본성과 신실한 자의 본성에 반대됩니다. 질병이 건강과 생명을 거스르는 것과 같습니다.

선한 일에 대한 모든 관심에서 분리된 믿음을 자랑하는 사람들의 헛된 생각은 책망받아야 합니다. 우리는 책망받지 않도록 우리 마음을 자극하여 모든 선한 일에 더 큰 열심과 즐거움을 가져야 합니다.

> 25번째 주일

성례는 무엇입니까?

로마서 4장 11절
그가 할례의 표를 받은 것은 무할례시에 믿음으로 된 의를 인친 것이니 이는 무할례자로서 믿는 모든 자의 조상이 되어 그들도 의로 여기심을 얻게 하려 하심이라.

이 구절에서 사도는 아브라함의 칭의에 대해 말하는데, 아브라함에게 부여한 칭의의 본은 유대인뿐만 아니라 할례받지 않은 이방인에게도 적용됩니다. 그러므로 사도는 이것을 관찰할 것을 제안합니다. 아브라함이 아직 할례를 받지 않았을 때 그는 의롭다 함을 받았습니다. 아브라함이 할례를 받은 것은 할례로 의롭게 되기 위함이 아니었습니다. 인장의 표징과 같이 할례로써 전에 자기에게 전가된 의를 더 굳게 하려는 것이었습니다.

교리 1 성례의 합당한 목적과 사용은 우리의 믿음을 확증하기 위한 것입니다.

여기에서 할례는 믿음의 인증, 또는 믿음의 의의 인증이라고 불립니다. 봉인은 엄숙하게 선언하는 용도가 있습니다.

1) 성례는 믿음과 은혜를 적절하게 확인하고 확증하는 것입니다. 믿음은 복음을 전파함으로써 성령에 의해 발생합니다. 그러므로 성례는 우리의 첫 번째 부름의 도구가 아닙니다. 우리 안에 믿음이 생기게 하는

도구가 아니라 믿음이 생긴 후에 그 믿음을 더 확인하고 강화하는 도구입니다.
2) 성례가 없더라도 종종 믿음이 발생되기 때문입니다. 그러나 일반적으로 성례가 말씀과 결합될 때 믿음이 확증되고 강화됩니다.
3) 성례는 이미 믿음을 가진 사람들에게만 속하므로 그들의 믿음을 확인하고 그들 안에 있는 다른 모든 은총을 발전시키는 것 외에 다른 용도가 없습니다.

우리는 성례를 적절하게 사용해야 합니다. 하나님의 거룩한 의식을 통해 우리는 가장 거룩한 믿음으로 점점 더 세워질 수 있습니다.

교리 2 성례는 우리의 믿음을 확증하고 우리의 구원을 진전시키는 방법으로, 서명과 날인 외에 다른 기능이 없습니다.

이 구절에서 사도는 그들에게 이러한 작용 방식만을 제공합니다. 성례는 약속에 의한 표징이라는 점에 유의해야 합니다. 성례의 창시자이자 지정자는 오직 하나님이십니다. 일반적으로 성례의 목적은 우리의 연약함을 돕는 것입니다. 성례는 세 가지 방식으로 우리의 연약함을 돕습니다.

1) 성례는 우리의 이해와 관련하여 우리의 연약함을 돕습니다. 그것은 우리의 외적 감각을 통해 하나님의 신비를 볼 수 있는 거울입니다.
2) 성례는 우리의 기억과 관련하여 우리의 연약함을 돕습니다. 성례는 훈계하는 표지입니다. 그것은 질서 있는 반복에 의해 우리에게 영원

히 기억되게 합니다.
3) 성례는 우리의 의지, 믿음, 약속과 관련하여 우리의 연약함을 돕습니다. 그것은 확실한 봉인과 서약입니다.

교황주의자들은 물리적인 도구로 우리 안에 의와 은혜를 만들려고 하지만, 이는 오류입니다. 성례를 사용할 때 우리의 주된 관심은 성례에서 인봉된 모든 영적인 것을 붙잡고 더욱 우리 자신에게 적용하는 것이어야 합니다.

교리 3 성례에서 우리에게 중요하게 봉인된 것은 새 언약의 모든 축복입니다.

믿음의 의는 할례의 성례로 확증되었습니다. 그 의는 새 언약의 모든 축복을 의미합니다.

1) 성례는 타락 후에 주어진 새 언약의 봉인이기 때문에 어떤 부분이 아니라 전체에 대한 것입니다.
2) 모든 축복의 근원이신 그리스도께서 모든 성례에서 우리에게 나타나시기 때문입니다. 구약성경에서 성례를 통해 그리스도를 그림자로 보았듯이, 신약성경에서 우리는 훨씬 더 명확하게 그리스도 안에서 세례를 받고 그의 몸과 피로 그와 교통합니다. 그리스도의 만찬에서처럼 그리스도 안에서 우리를 위해 예비된 모든 축복이 성례에서 우리에게 나타납니다.
3) 생명의 축복과 구원의 축복은 분리될 수 없기 때문입니다. 예를 들어

유효한 부르심, 칭의, 양자 됨, 성화, 위로, 영원한 영광 등입니다. 이 축복 중 하나가 직간접적으로 표현되면 결과적으로 나머지도 모두 상징되고 인쳐집니다.

새 언약의 축복을 나타내거나 인봉하지 않는 다른 예식은 성례가 아닙니다. 우리는 그리스도의 가장 거룩한 성례를 소중하게 여겨야 합니다. 성례 안에서 영원한 행복에 속한 모든 것을 다루기 때문입니다.

우리는 성례의 사용에 있어서 하나님께서 결합하신 것을 분리하지 않아야 합니다. 성례를 죄 사함만으로 추구하고 성화와 죄로부터의 보존을 추구하지 않는 것은 오류입니다. 이들은 자신의 삶을 고치기로 결심하지 않았습니다.

교리 4 성례의 축복은 참된 믿음으로 참여하는 모든 사람에게 주어지는 것입니다.

이것은 특히 아브라함이 의롭다 함을 받았다는 것에서 나타납니다.

1) 성례는 우리가 믿음을 갖는다는 조건을 인봉하기 위해 우리에게 제시된 것이 아니기 때문입니다. 오히려 믿음이 이미 우리 안에 있다는 것을 전제합니다. 그것은 믿음을 확인하기 위해 제공됩니다.
2) 말씀이 공개적으로 전파되어 공통적으로 나타나는 것과 달리 성례는 개별적으로 믿음을 확인하기 위해 나타나는 것입니다.
3) 집행 방식과 성례에서의 행동들, 예를 들어 세례에서 물을 붓는 것과 성찬에서 빵을 먹고 포도주를 마시는 것은 특정한 적용의 표시입니

다. 이는 특정한 사람들에게 해당되는 것입니다.

성례를 받을 권리가 있는 사람들에게 합당하게 집행되는 성례에서 하나님은 하늘에서 손을 내밀어 그의 은혜와 언약의 모든 영적 축복을 우리에게 주십니다. 특히 개별적으로 고유하게 모두에게 전달하십니다.

26, 27번째 주일

세례는 무엇입니까?

마태복음 28장 19절
그러므로 너희는 가서 모든 민족을 제자로 삼아 아버지와 아들과 성령의 이름으로 세례를 베풀고.

이제 곧 하늘로 올라가실 그리스도께서 그의 지상 명령을 사도들에게 맡기신 것이 본문에 나옵니다. 여기에는 두 가지 주요 임무가 포함됩니다. 그리스도께서 가르치신 교리를 전파하고 그가 정하신 성례를 집행하는 것입니다. 이 구절에서 세례는 그리스도께 처음 접붙이는 것에 속합니다. 반면 성찬은 심은 후에 자라게 하는 일에 속합니다. 이 구절에서는 세례에 대해 자세히 설명합니다.

세례는 이미 그리스도의 교리로 훈련을 받았거나, 그의 제자이거나, 회심한 사람들에게 주는 것입니다. 세례를 베푸는 방식은 성부, 성자, 성령의 이름으로 주는 것입니다. 즉 세례는 성부, 성자, 성령의 권세와 능력에 의한 것입니다. 세례 받은 자들은 성부, 성자, 성령과 맺는 연합으로 칭의, 성화, 양자 됨 등의 모든 은총에 참여합니다. 이 은혜들은 성부로부터, 성자 안에서, 성령에 의해서, 영원한 구원의 모든 상속자에게 주어집니다. 그리고 그리스도께서 그들에게 가르치신 외적 규례와 수단의 고백과 실행에서 내적 은혜를 얻습니다. 또한 성령으로, 아들 안에서, 아버지로부터, 내적 은혜가 지켜지고 진전됩니다.

교리 1 세례는 우리가 그리스도께 접붙임되고 처음으로 받아들여지는 성례입니다.

이미 그리스도의 교리를 배우고 그를 따르겠다고 공언한 모든 사람은 세례를 받아 그리스도의 가족으로 등록될 수 있습니다.

1) 이것은 세례가 할례 대신에 왔다는 점에서 나타납니다. 할례는 하나님의 백성으로 처음 입회하는 성례였습니다.
2) 세례는 죽음을 상징합니다. 죄와 옛사람을 죽이는 것과 죄로부터의 씻음, 깨끗함을 상징합니다. 또한, 사람을 죽음에서 생명으로 이끌어 내는 것을 나타냅니다. 이 모든 것은 우리의 첫 번째 소명을 가장 적절하게 나타내므로 성경에서는 세례를 중생의 성례 또는 중생의 씻음이라고 부릅니다.
3) 세례는 우리가 그리스도의 가족이 되고 그의 왕국으로 엄숙하게 받아들여진 것을 나타냅니다. 그러므로 우리가 그리스도께로 '세례(침수)되었다'고 합니다. 세례는 주의 만찬과 구별됩니다. 세례는 그들의 시작을 나타내고 성찬은 그들의 진보를 나타냅니다.

우리는 세례를 지속적으로 사용해야 하며, 종종 그것에 대해 묵상해야 합니다. 하나님 편에서 인봉된 하나님의 은혜와 우리 편에서 인봉된 보편적 순종에 대한 우리의 반응을 묵상해야 합니다. 그리고 하나님께서 우리에게 베푸신 은총으로 우리가 엄숙히 하나님과의 언약 안으로 받아들여졌음을 확신해야 합니다. 하나님과의 참된 연합, 즉 그리스도에 의해 구원받은 자들의 숫자인 그의 교회 안으로 받아들여짐을 확신하는 것입니다. 그리고 이렇게 인봉되고 지속된 믿음으로 인해 우리는 이 상태에 합당하게 행해야 합니다. 하나님이 우리에게 요구하시는 대로 그리스도 안에서 하나님께 영광을 돌리기 위해 모든 일에 더욱 힘써야 합니다.

교리 2 물로 씻는 세례에서 우리의 양자 됨, 칭의, 성화가 우리에게 인봉되었습니다.

세례의 형태로 우리는 성부, 성자, 성령과 함께 연합된 것과 삼위 하나님과 우리와의 교제를 인증합니다. 우리는 이 연합으로부터 유익을 얻습니다. 즉, 아버지에 의해 양자가 되고 아들에 의해서 의롭다 함을 받으며, 성령에 의해서 거룩하게 되는 것입니다.

1) 이 세 가지는 우리가 하나님 나라에 들어가는 데 직접적으로 필요합니다. 첫째, 우리는 하나님의 자녀로 받아들여져야 합니다. 둘째, 우리는 하나님과 분리된 죄책에서 해방되어야 합니다. 그리고 이것은 의롭게 되는 것을 통해 이루어집니다. 셋째, 우리는 인간이 하나님을 누리는 데 부적합하게 하는 죄와 부패로부터 정결하게 되고 깨끗해져야 합니다. 그리고 이것은 성화를 통해 이루어집니다.
2) 세례에서 물로 씻는 것은 죄의 부패로부터 우리를 깨끗이 하고 하나님의 아들이 되는 지위를 얻는 것을 나타냅니다. 그러므로 우리는 은혜로 입양되고 의롭게 되며 거룩하게 되었습니다. 눈에 보이는 다른 어떤 표징으로도 물로 씻는 것만큼 그렇게 이 의미를 쉽게 잘 나타낼 수 없습니다. 물은 그 특성상 정화에 주된 적합성을 가지고 있으며, 모든

나라 사람이 쉽게 사용할 수 있기 때문입니다. 또한 물은 구약에서도 그런 용도로 거룩하게 사용되었습니다.

우리는 이토록 큰 영적 혜택과 축복이 인봉된 세례를 귀하게 여겨야 합니다. 세례가 거행되는 것을 볼 때마다 우리 자신의 세례에 대한 묵상과 함께 우리가 받은 양자 됨, 칭의, 성화에 대한 구체적인 축복을 되새겨야 합니다. 우리가 하나님께 받은 큰 은혜와 우리가 행한 일과 우리의 세례를 생각하며, 모든 일에 거룩함과 감사함으로 순종해야 합니다.

교리 3 세례에서 의미하는 구원의 축복의 진정한 효능은 물로 씻는 것에 있지 않고 오직 성부, 성자, 성령의 활동에 달려 있습니다.

세례의 효과는 성부, 성자, 성령으로부터 오는 것이며, 우리는 모든 은혜를 바라보도록 명령받았기 때문입니다.

1) 세례의 표지는 은혜의 원인이 아니기 때문입니다. 세례는 성부 하나님께서 성자 안에서 성령으로 우리 안에서 행하시는 것을 인증하는 것입니다.
2) 우리의 칭의와 양자 됨은 세례의 물리적 결과가 아니라 삼위 하나님의 사역 결과이기 때문입니다.
3) 세례의 외적인 요소들이 영적 효과를 내기 위해 영혼에 물리적으로 작용하는 것이 아니기 때문입니다.

교황주의자들은 세례를 우상적인 것으로 만들었습니다. 우리는 이것을 거부해야 합니다. 우리는 믿음과 경건한 소망의 외적 표지인 세례를 사용함으로써 나타나는 신성한 축복을 하나님으로부터 찾고 구해야 합니다.

교리 4 그리스도의 제자 또는 학자(Scholars, 그리스도를 배우고 따르려는 자)만이 세례를 받아야 합니다. 이들은 그의 가족에게 속했고 그의 집주인과 같으며, 엄숙하게 선언되고 등록되기에 적합한 사람입니다.

사도들이 먼저 모든 나라에서 제자를 그리스도께로 모으라는 명령을 받았기 때문입니다.

1) 세례는 말씀의 부록이며, 말씀에 부가되고 연결되는 것이기 때문입니다. 세례가 말씀과 분리되면 아무런 가치가 없습니다. 말씀을 받지 않는 곳에서는 세례를 베풀거나 받을 수 없습니다.
2) 세례는 교회의 특권이자 표시 또는 휘장이기 때문입니다. 그러므로 그것은 교회의 회원에게만 속합니다.
3) 세례는 인봉할 권한이 있는 사람 외에는 인봉의 표시가 될 수 없기 때문입니다. 그리스도와 함께 참여하지 않는 자들에게는 인봉될 수 있는 승인이나 약속이 없습니다.

여기에서 유아 세례에 관한 질문이 생깁니다. "유아는 믿음에 대해 배우거나 가르침을 받을 수 없는데 세례를 받아야 합니까?"라는 것입니다. 신자의 자녀나 유아는 세례를 받아야 합니다. 아직 유아기에 있는 그들은 하나님과 맺은 계약의 외적 특권에 있어서 그 계약의 당사자로 간주되거나 그들의 부모에게 속한 것으로 간주되기 때문입니다. 그러므로 그들은 그리스도의 가족 또는 그의 제자의 수에 속합니다.

하나님이 아브라함과 맺은 언약이 우리를 구원한 것과 본질적으로 같은 것이라면, 그 언약이 아브라함과 그 후손에게 속한 것같이 우리와 우리 자손에게도 속한 것입니다. 그러므로 우리뿐 아니라 우리 자손도 이 인침에 참여하는 것입니다. 믿음이 세례를 받아야 할 사람들에게 요구된다는 것은, 이전부터 믿음과 세례가 요구되었던 사람들의 할례를 방해하지 않았던 것처럼 유아 세례를 방해하지 않는다는 것입니다. 이것은 그 제도에 의해 믿음의 의를 인친 것이 되었기 때문입니다(롬 4:11). 그러므로 유아에게는 할례에서 분명한 지식과 적극적인 믿음과 신앙고백이 필요하지 않았습니다. 믿음의 상태와 그들이 태어난 신앙고백(부모의 신앙고백)으로 충분합니다. 세례에서도 마찬가지입니다.

따라서 재세례파의 주장에 반대해야 합니다. 하나님께서 우리의 유아기부터 우리를 위해 베푸신 이 큰 은총으로 볼 때 하나님은 우리 자신뿐 아니라 우리 자녀도 받은 것으로 여기십니다.

28, 29번째 주일

주의 성찬은 무엇입니까?

고린도전서 10장 16절
우리가 축복하는 바 축복의 잔은 그리스도의 피에 참여함이 아니며 우리가 떼는 떡은 그리스도의 몸에 참여함이 아니냐.

고린도전서 8장의 시작 부분에서 사도는 그리스도인들에게 이방인의 부정한 의식들을 삼가라고 권고했습니다. 본문의 이 말씀에서 사도는 비유를 사용하여 논증합니다. 우상숭배에 참여하는 이방인과 교통하는 것은 곧 우상과 교제하는 것이라는 의미입니다. 우리가 그리스도와 교통하는 주의 만찬도 비슷하게 비유될 수 있습니다. 우리는 주의 만찬에 참여함으로써 그리스도와 교제하는 것입니다.

교리 1 주의 만찬은 그리스도 안에서 우리의 양육과 성장이 인봉되는 신약의 성례입니다.

빵과 포도주는 이 성례에서 그리스도께서 정하신 외적 표지이며 육체적 영양분의 주된 수단이라는 점에서 우리의 양육과 성장을 위한 것입니다. 이것은 우리의 경험을 통해서 알 수 있을 뿐 아니라 성령께서도 우리에게 가르치신 것입니다(시 104편). 즉, 우리는 그리스도 밖에서 우리의 양육을 위해 아무것도 찾을 필요가 없습니다.

1) 우리가 그리스도 안에서 은혜와 영적 생명의 원리를 가진 것처럼 또한 믿음으로 말미암아 모든 진보를 그리스도 안에서 바라보아야 하기 때문입니다. 그리고 전자가 세례에서 의미하는 바인 것처럼, 후자는 주의 만찬에서 가장 적절하게 선언됩니다. 성만찬과 세례가 다른 점은 바로 이것입니다.

2) 우리의 연약함과 자주 넘어짐으로 인해 우리의 믿음이 혁신과 확증을 필요로 하기 때문입니다. 우리는 우리의 확신을 새롭게 하도록 자주 성례를 받는 것이 필요합니다. 그러나 세례는 갱신되어서는 안 됩니다. 사람이 한 번 태어나면 충분한 것처럼 거듭나는 것도 한 번이면 충분하기 때문입니다. 그러므로 가장 편리하게 자주 확증할 수 있는 것은 성만찬입니다. 성만찬은 우리가 믿음과 모든 은총 안에서 점점 더 자라고 그 안에서 견고히 서게 하는 것입니다.

3) 우리는 하나님으로부터 모든 은혜의 증가를 받기 때문입니다. 그러므로 공적 고백을 통해 우리는 그의 이름의 영광을 위해 이것을 인정합니다. 이것이 우리에게 가장 적합한 용도로 성만찬을 사용하는 것이며 하나님에 대한 우리의 감사를 불러일으키는 것입니다.

4) 교회 회원들이 같은 가족에 속해 있고 그들 모두가 그들의 동일한 주인이신 주님과 동일한 식탁에서 동일한 영적 양식을 먹기 때문에 그 친교는 더할 나위 없이 신성하고 엄숙한 영적 잔치로 적절하게 선언됩니다.

이러한 방식으로 우리는 말씀과 성례를 통해서 우리의 양육, 성장, 은혜의 진보, 영적 완전함에 도달합니다. 그리고 이 과정에 필요한 모든 것을 공급받습니다. 그것은 그리스도 안에서 우리를 위해 준비되어 있으며, 그로부터 우리에게 주어집니다. 이로써 우리는 영적으로 원기를 회복합니다. 우리는 성례를 올바르게 사용해서 영적 성장과 은총의 진보를 실제로 얻을 수 있습니다.

교리 2 우리가 그리스도 안에서 받는 이 영양 공급은 믿음의 역사에 의한 것입니다.

본문에서 우리가 그리스도의 살과 피에 참여한다고 말하지만, 이것은 그리스도가 육체로 임재하는 것이 아닙니다. 다른 구절에서 명백하게 말하는 것처럼 이는 믿음으로, 영적으로 참여하는 것입니다.

1) 우리는 믿음으로 그리스도와 연합하기 때문입니다.
2) 우리는 그리스도를 믿음으로 말미암아 모든 은혜와 영적 생명을 우리 자신에게로 끌어당기고 젖을 먹기 때문입니다.
3) 우리의 영적인 삶의 원칙이 믿음이고 그 삶의 자양분과 성장은 이 믿음의 더 깊은 확장에 달려 있기 때문입니다. 모든 영적 자질은 우리 믿음의 왕성함과 식어짐에 따라 달라지기 때문입니다.

진정한 믿음이 있는가에 상관없이 오직 성례의 외적이고 육체적인 행위로만 그리스도를 얻고 입으로만 영접하기를 원하는 자들에 반대해야 합니다.

주의 만찬을 사용할 때 우리는 믿음을 일깨우는 데 많은 주의를 기울여야 합니다. 자양분과 성장을 위해서는 믿음의 습관과 기질이 요구될 뿐만 아니라 그것을 실제로 행사하는 것도 필요하기 때문입니다. 믿는 이들과 충실한 이들 모두가 그들이 가지고 있는 믿음을 불러일으키지 않고서는 이 성찬을 받을 자격이 없습니다.

교리 3 성만찬의 영적 양식을 위해 빵과 포도주가 실질적으로 그리스도의 몸과 피로 변하는 것이 아닙니다.

그리스도께서 빵과 포도주 안에, 또는 그 아래에 육체적으로 임재하시는 것도 아닙니다. 그리스도는 믿음으로 참여하는 사람들에게만 영적으로 임재하십니다. 교황주의자들의 화체설과 루터파의 공재설은 잘못된 것입니다.

1) 일반적으로 성례의 본질은 이미 설명한 바와 같이 상대적인 결합이나 유사성으로 구성되어 있습니다. 성례전은 물리적으로 결합하거나 현존하는 것이 아닙니다.
2) 화체도 공재도 이루어지지 않습니다.
3) 이는 모든 성경이 말하는 것입니다.
4) 본질적인 특성을 지닌 그리스도의 인성은 한 번에 모든 곳에 안전하게 있을 수 없으며, 일반적으로 주의 만찬이 한 번에 주어지는 것처럼 한 번에 무수한 곳에 있을 수도 없습니다.
5) 그리스도의 살과 피가 실제로 삼켜지고 위장으로 들어가 소화되는 것이 아닙니다. 그리스도의 영화롭게 된 몸의 상태와 조건은 이러한 방식으로 될 수 없습니다.
6) 계시된 하나님의 뜻으로 그리스도께서 하늘에 육신으로 계시며, 산

자와 죽은 자를 심판하러 다시 오실 때까지 그렇게 계실 것이 확실합니다.

화체설과 공재설과 같은 기괴한 교리를 옹호하는 사람들의 오류와 광적인 외침에 반대해야 합니다. 전파된 말씀에서 우리가 날마다 그리스도를 영적으로 먹는 것은 성찬에서 먹는 것과 동일한 본질이 아닙니다. 그러므로 우리 마음에 조잡하고 육적인 생각을 허용해서는 안 됩니다.

교리 4 성례에서 그리스도의 효과적인 임재의 유일한 근거는 그리스도의 제정에 따라 거룩한 용도로 빵과 포도주를 축복하고 성별하며 구별하는 것입니다. 그가 정하신 대로 사용할 때 그의 약속에 따라 그의 영과 역사에 의한 규례가 됩니다.

이것은 "우리가 축복하는 바 축복의 잔"이라는 본문 말씀에서 가르치는 것입니다. 이 축복은 그리스도와 그가 정하신 성례를 통해 아버지께 드리는 감사와 성령으로 말미암아 우리가 이 예식으로 그리스도와 그의 은택에 점점 더 참여하는 자가 된다는 의미입니다. 그러므로 우리는 그것을 올바르게 사용해야 합니다.

1) 이 축복으로 일반 용도에서 거룩한 용도로 구별하여 거룩하게 하시기 때문입니다.
2) 이러한 행위로 영적 권능을 획득하고 이러한 표지가 가진 영적 유익을 얻는 것이기 때문입니다.
3) 그리스도께서 친히 이 일을 행하시고 우리에게도 그렇게 하라고 명하

셨기 때문입니다. 이는 우리로 하여금 그에게서 받을 신령한 복을 기다리게 하신 것입니다.

교황주의자들이 이 축복이나 신성화 대신에 넣은 주술에 반대해야 합니다. 이 만찬을 거행할 때 항상 감사함으로 은혜와 은총을 구해야 하며, 바르게 사용해야 합니다. 이것에서 성찬의 모든 축복과 능력이 나오기 때문입니다.

30번째 주일

성찬을 어떻게 시행하고 받습니까?

고린도전서 11장 28-29절
사람이 자기를 살피고 그 후에야 이 떡을 먹고 이 잔을 마실지니 주의 몸을 분별하지 못하고 먹고 마시는 자는 자기의 죄를 먹고 마시는 것이니라.

본문에서 사도는 고린도 교회의 여러 가지 남용을 바로잡는데 그중에는 주의 만찬을 모독하는 것에 대한 지적도 있습니다. 이 구절은 주의 만찬을 받는 신자의 의무를 설명하는 것입니다.

교리 1 주의 만찬에서 우리가 하는 모든 일은 그리스도의 몸과 피를 먹고 마시는 것입니다.

1) 이것은 그리스도 안에서, 그리스도에 의한, 우리의 영적 양육의 성례이기 때문입니다.
2) 이 성례의 제도에는 먹고 마시는 것 외에는 다른 것이 규정되어 있지 않기 때문입니다. 즉, 표지가 나타내는 그리스도의 몸과 피는 우리 영혼의 양육을 위한 것입니다.
3) 외적 표지와 행위는 그리스도께서 제정하신 이 성례에 사용되는 그리스도의 영적 양식 외에 다른 어떤 것도 나타내지 않기 때문입니다.

성만찬과 교황의 미사의 차이점은 무엇입니까? 교황주의자들은 그리스도께서 제정하신 성례를 제하고 그 자리에 사람이 고안한 미사 희생제를 세웠습니다. 성례와 희생제의 차이점은 이것입니다. 희생제는 사람들이 하나님께 무언가를 바치고 하나님께서 사람들로부터 무언가를 받으시는 것입니다. 그러나 성례는 하나님께서 눈에 보이는 표징으로 인간에게 무언가를 주시고 인간은 하나님께서 주시는 조건과 방식에 따라 하나님으로부터 성례를 받는 것입니다.

이 성찬에서 하나님은 우리의 영적 양식을 위해 그리스도를 우리에게 주십니다. 그리고 우리는 믿음으로 그리스도를 먹고 마심으로 그리스도를 우리 영혼의 양식으로 영접합니다. 그러므로 교황의 미사는 그리스도께서 제정하신 것과는 거리가 멉니다. 그들은 산 자와 죽은 자를 위한 희생 제물을 주로 사용합니다. 그들은 성체 곧 희생 제물, 즉 봉헌된 빵과 포도주를 먹고 마시기보다는 숭배하고 경배합니다. 마지막으로 그들은 이 모든 일을 알지 못하는 방언으로 합니다. 그러므로 백성이 무엇을 어떻게 먹고 마셔야 할지 깨닫지 못하면서 하는 것입니다.

교리 2 주의 만찬에 합당하게 참여하기 위해서는 먼저 주의 몸을 올바로 분별해야 합니다.

주의 몸을 분별하는 것은 우리가 봉헌된 빵과 일반 빵의 차이를 관찰하는 이해의 행위입니다. 봉헌된 빵은 우리의 믿음(즉, 그의 모든 은혜)에 대한 주의 몸의 표지와 인으로 봉헌되었습니다. 이에 대해 올바르게 이해하고 올바른 판단을 내려야 합니다. 이 분별력의 부족을 사도가 책망하는 것입니다.

1) 맡은 일에 대한 합당한 판단과 신중함이 없이는 어떤 것도 옳고 완벽하게 수행할 수 없기 때문입니다.
2) 성례는 겉으로는 육신적이지만, 영적인 신비와 비밀(의미)이 감춰져 있으므로 그것을 바르게 볼 수 있는 영적인 주의와 판단이 필요하기 때문입니다.
3) 이 분별력의 부족은 고린도인들의 예처럼 이 거룩한 의식을 모독하는 것으로 나타나기 때문입니다.

각 사람은 주의 상에 이르기 전에 행할 일을 옳게 분별하기 위해 자신의 마음과 판단을 굳게 해야 합니다. 우리는 그리스도께서 몸이 찢기고 부서진 이유를 생각해야 합니다. 그는 우리의 죄에 대한 형벌을 대신 지신 것입니다. 그리스도는 죽기까지 그 몸으로 순종하셨으며, 그 공로로 우리가 은혜와 영광과 행복의 축복에 참여하게 되었습니다. 우리가 외적으로 빵을 먹고 포도주를 마시는 표지는 내적으로 성령의 역사에 의해 우리에게 적용됩니다. 우리의 믿음은 그분에 의해 고무되어 생명과 영양 공급과 영생으로의 성장 및 언급된 모든 축복을 위해 그리스도를 의지하게 됩니다.

교리 3 이 성례를 올바르게 전달하고 취하기 위해 요구되는 두 번째 의무는 우리 자신을 진지하게 검토하고 시험하는 것입니다.
1) 우리 자신이 먼저 주님의 몸에 대한 이해를 바르게 하며 동의하고 있는지 올바르게 분별하지 못하면 주님의 몸을 분별하는 것이 헛되기 때문입니다. 우리가 분별해야 할 것은 우리가 그의 몸의 구원에 참여

하기 위해 반드시 필요한 조건을 가지고 있는지의 여부입니다. 성례에서 제공되는 선물과 그것을 받는 자 사이에는 상호 관계가 있습니다. 우리 자신이 이 은사를 받은 사람이라는 사실을 알지 못하는 한, 그 은사가 어떤 종류의 은사이며 얼마나 귀한 것인지 아는 것은 우리에게 전혀 도움이 되지 않습니다.

2) 사람이 모든 것이 옳다고 생각하면서 전혀 행하지 않는 것, 즉 자기 자신을 속이는 사람의 마음의 간교함이 크기 때문입니다. 그러므로 우리는 거짓된 믿음에 속아 헛된 공상에 빠지지 않도록 우리 자신의 마음을 부지런히 살필 필요가 있습니다.

3) 때로 우리의 위로가 충분하지 않아서 우리 안에 거짓된 믿음의 성향이 있는지 분별할 수 없다면, 하나님의 이 좋은 축복에 참여하십시오. 우리의 위로는 은혜의 소유와 임재에 달려 있을 뿐만 아니라 우리가 은혜를 가지고 있다는 내적 느낌과 인식에도 달려 있기 때문입니다. 우리가 이 지각에 도달하기 위해서는 우리 자신을 진지하게 검토하고 우리 안에 무엇이 있는지 알아야 합니다.

우리는 이 의무에 주의를 기울여서 우리 자신을 너무 온화하게 다루거나 경솔하게 판단하지 말고 매우 엄격하게 시험해야 합니다. 우리가 스스로 검토해야 할 사항은 위의 교리에서 가르친 대로 주님의 몸을 올바로 분별하는지의 여부입니다.

우리는 이 성례를 사용하여 우리의 죄를 진정으로 인정하고 회개하며, 그 죄에서 벗어나야 합니다. 죄에서 해방되기 위해 오직 그리스도께만 피하는 믿음이 우리에게 있는지 그 여부를 확인해야 합니다. 우리가 불쾌한 이웃에 대해서도 악의, 증오, 복수심을 품지 않고 사랑하며 그를 위해 하나님의 용서를 간절히 구할 수 있는지를 확인해야 합니다.

교리 4 성례의 올바른 의사소통을 위한 세 번째 의무는 이토록 위대한 신비에 합당하고 적합하게 준비되는 것입니다.

1) 이 성례의 신비와 비밀은 우리 주 예수 그리스도의 은혜가 합당하지 않게 사용될 수 없기 때문입니다. 따라서 합당하지 않은 참여자들은 그들 자신에 대한 심판을 먹고 마시는 것입니다. 그것은 그의 아들에게 가해진 가장 무가치한 치욕에 의해 격분된 하나님의 진노입니다.

2) 어떤 고상한 형태도 통상적인 방법으로나 사전에 적절하게 배치되고 준비되지 않고는 도입될 수 없기 때문입니다. 마찬가지로 이 성례의 은총과 위로는 그에 합당한 마음으로 준비된 사람이 아니면 받을 수 없습니다. 그래서 합당하지 않게 오는 사람은 필연적으로 이 성례에서 어떤 열매를 얻지 못한 채 떠납니다.

3) 부적합함과 준비되지 않음이 이 지극히 거룩한 의식을 그들의 마음을 더욱 강퍅하게 하는 기회로 만들기 때문입니다. 복음을 선포하는 것이 어떤 사람에게는 죽음에 이르는 죽음의 냄새가 됩니다. 그러나 선한 양심을 가지고 참여하는 자들은 이로써 하나님이 명하신 모든 일에 순종하겠다는 확실한 결심을 하게 됩니다. 그에게 순종하여 모든 죄를 피하는 것입니다. 그들은 주님의 몸을 바르게 분별하는 데서 흘러나오는 경외심을 갖습니다. 자신에 대한 올바른 성찰에서 겸손하게 되어 자신의 무가치함을 깨닫습니다. 성찬에서 주어지는 영적 선한 것에 대한 큰 열망을 품습니다. 자신에게 주어진 것에 대해 하나님께

감사드리며, 이 교리에서 선언한 대로 함께 그리스도 안에서 이러한 축복에 참여하는 형제들에 대한 사랑을 갖게 됩니다.

교리 5 공개적으로 이러한 의무를 소홀히 하는 사람은 주의 만찬에 참여할 수 없습니다.

31, 32번째 주일

교회에는 어떠한 직무들이 있습니까?

마태복음 16장 19절
내가 천국 열쇠를 네게 주리니 네가 땅에서 무엇이든지 매면 하늘에서도 매일 것이요 네가 땅에서 무엇이든지 풀면 하늘에서도 풀리리라 하시고.

본문에는 그리스도께서 반석 위에 교회를 세우시겠다고 베드로에게 하신 마지막 약속이 들어 있으며, 지옥의 권세나 문이 이기지 못하는 그 건물의 힘에 대한 설명이 포함되어 있습니다. 그분의 교회 건축은 그것의 도구적 원인, 즉 복음의 사역에 대한 상징입니다. 이 건물의 견고함은 주된 원인인 하늘로부터 받은 견고함입니다. 또 사역에 의한 교회 건축은 은유적으로 천국의 열쇠로 설명됩니다. 그들에게 열쇠를 주는 것은 그들에게 속한 집에 대한 권세의 표시이기 때문입니다. 그러므로 그리스도는 이 비유로 천국에 속한 자들에게 주어진 사역의 권능을 말씀하셨습니다. 이는 하늘 건물의 견고함과 비교되며, 열쇠가 가진 두 가지 용도에 따라 닫고 여는 두 부분으로 설명됩니다.

교리 1 그리스도는 그의 교회를 세우고 회복시키며, 힘있게 유지하기 위해 그의 교회에 어떤 직급 또는 목사를 임명하셨습니다.

그리스도는 교회의 어느 누구도 그들 자신의 권위로 일하거나 자신의 기쁨을 위해 일하도록 명하지 않으셨습니다. 그분은 행정관이 아닌 장관을 임명하셔서 오직 그의 교회에서 유일한 왕, 주, 율법 수여자이신 그리스도 자신의 권위에 의해서만 일하게 하셨습니다. 그는 특정 명령을 지정하셨습니다.

1) 하나님은 질서의 하나님이십니다. 어지러움의 하나님이 아니시므로 교회를 질서 있게 하셨습니다.
2) 교회의 주님 외에는 그 누구도 그러한 일을 제정하거나 그 목적을 유효하게 만들 권한이 없기 때문입니다.
3) 그리스도는 모세처럼 하나님의 집에서 자기를 세우신 이에게 신실하셨기 때문입니다(히 3:2, 5). 그분은 교회를 세우고 보수하고 강화하기 위해 이 명령을 제정하셨습니다. 이 섬기는 직분과 사역은 신실한 자들을 세워주고 확증하는 도덕적 수단입니다. 신자들에게는 그들의 불완전함과 여러 유혹으로 인해 자신의 믿음을 확립할 수 있는 수단이 필요하기 때문입니다.
4) 그분은 그러한 질그릇으로 그의 능력 있는 역사를 나타내실 것이기 때문입니다.

약한 것은 그의 은혜를 더 크게 찬양하고 예증하기 위한 것입니다. 우리는 복음 사역을 가장 거룩한 구원의 규례로서 존중해야 합니다.

교리 2 이 성직에는 천국에 속한 일에 있어서 사역자나 종과 같은 권능이 있습니다.

이것은 열쇠를 제공함으로 증거됩니다. '열쇠'는 요한계시록 1장 18절에서와 같이 '최고' 또는 '주님'과 같은 권능과 명령을 의미하기도 하지만, 때로는 이사야 22장 22절에서와 같이 오직 '사역의 권능'을 의미합니다. 그리스도만이 교회의 왕이시며, 최고 권능을 부여받은 사령관이십니다. 이것에 의해 그는 사도들과 구별됩니다(마 18:19-20).

1) 하나님께서 제정하신 모든 계급, 지위, 등급에는 그에 상응하는 적절한 권세가 있기 때문입니다.
2) 이 사역의 목적인 교회를 건축하고 보수하며, 강화하고 발전시키는 일은 사람이 할 수 없으며, 오직 이러한 권능으로만 할 수 있기 때문입니다.
3) 하늘나라는 죄 많은 인간의 권력과 명령에 굴복하지 않으며, 오직 무오하고 흠 없는 하나님과 사람이신 그리스도 예수께만 굴복하는 성질을 가지고 있기 때문입니다.

베드로와 로마의 교황들에게 명령권을 주는 교황주의자들은 이 구절을 근거로 삼고 있지만, 여기에서 말하는 권능은 말씀의 모든 사역자에게 동등하게 주어지는 것입니다. 그들이 주장하는 대로 베드로에게만 주어지는 것이 아닙니다. 여기에서 베드로는 모든 사도와 말씀의 모든 사역자, 그들의 후계자, 그리고 전체 교회를 대표하고 있습니다. 그리스도께서 그들 모두에게 질문하셨으며, 그들이 고수하고 인정한 대로 그들 모두의 승인과 동의를 얻어 베드로가 대답했기 때문입니다.

그러므로 베드로는 모든 사람의 이름으로 응답했다고 말할 수 있습니다. 베드로는 종종 모두를 대변했습니다. 이 동일한 권한이 모든 사도와 그들의 후계자들에게 엄숙하게 주어집니다(요 20:23). 이 권능은 모든 참된 교회에 여러 방식으로 확장됩니다.

따라서 목회자들은 오직 그리스도의 명령을 바라보아야 합니다. 그리스도를 바라보면서 그리스도를 위해 그가 맡기신 직무를 바르게 수행해야 합니다.

교리 3 이 권한은 묶거나 풀고, 닫거나 여는 데 적절하게 행사됩니다. 죄가 있다고 하거나 혹은 죄를 용서하는 것입니다.

1) 교회의 온전한 위로와 덕을 세우는 것은 주로 죄 사함에 있기 때문입니다.
2) 사역에 속하는 다른 모든 의무는 이것에 의존하고 있기 때문입니다.
3) 이로써 복음 사역의 탁월함과 가치가 단독으로 나타나기 때문입니다. 오직 하나님께만 절대적으로 합당한 죄 용서의 사역은 어떤 면에서 그리스도의 사역자들에게 전달되거나 함께 공유됩니다. 즉, 죄의 용서에 대한 증언, 선언 및 인증은 그들의 직무에 따라 그리스도의 사역자들에게 속합니다. 사역자들은 두 가지 방식으로 사역하는데, 이는 말씀을 전파하거나 징계를 행사하는 것입니다.

복음 사역의 탁월함과 가치가 목사에 의해서 불명예스럽게 되어서는 안 됩니다. 목사의 사역이 다른 사람에 의해 정죄되거나 비난받지 않게 해야 합니다. 신자들은 복음 사역자의 수고를 인정해야 합니다.

윌리엄 에임스의
기독교 신앙의 정수

3부

십계명

33번째 주일

신자는 어떻게 계명을 지킵니까?

에베소서 4장 20-24절
오직 너희는 그리스도를 그같이 배우지 아니하였느니라 진리가 예수 안에 있는 것 같이 너희가 참으로 그에게서 듣고 또한 그 안에서 가르침을 받았을진대 너희는 유혹의 욕심을 따라 썩어져 가는 구습을 따르는 옛사람을 벗어 버리고 오직 너희의 심령이 새롭게 되어 하나님을 따라 의와 진리의 거룩함으로 지으심을 받은 새 사람을 입으라.

사도는 여기에서 가장 중요한 권면을 합니다. 그는 이 장의 시작 부분에서 그리스도인들이 부르심에 합당한 대화를 하도록 도전합니다. 그는 이 훈계를 에베소서 4장 17절에서 시작하여 서로 다른 것들을 비교하면서 설명합니다. 그 비교 대상은 그리스도인과 이방인이며, 비교되는 것은 그들의 생활방식입니다. 이 특성의 차이는 삶의 원리와 원인 또는 그 결과에 있습니다. 삶의 원리에 있어서 이방인들은 그들의 모든 기능에서 타락했습니다. 반대로 그리스도인의 모든 기능은 새롭게 되었고 그들의 행동은 거룩하며 정직합니다. 그리스도인과 불신자를 비교하는 것은 20-24절에 계속됩니다.

교리 1 거듭난 사람과 거듭나지 못한 사람 사이에는 상태와 생활에서 큰 차이가 있습니다.

본문에서 옛사람과 새 사람이라는 표현은, 사람이 거듭난 후에는 이전과 같은 사람이 아니라는 것입니다. 솔로몬의 잠언에서 경건한 자와 경건하지 않은 자를 비교하는 것이 모두 여기에 속합니다. 빛과 어두움, 산 자와 죽은 자, 더러운 돼지처럼 진창에 뒹구는 자와 정결케 된 자입니다.

1) 성질이 다르기 때문입니다. 신자들은 신의 성품에 참여하게 되었습니다(벧후 1:4). 그러나 불신자들은 도덕적으로 볼 때 거의 사람의 본성을 가지고 있다고 말할 수 없습니다. 사도는 여러 곳에서 가르치기를, "신자는 하나님의 영에 의해 인도되고 다스려지며, 불신자들은 그들 자신의 육체에 의해 인도된다"라고 말합니다.
2) 내적 운영의 원리가 다르기 때문입니다. 모든 대화의 외적 규칙도 완전히 반대입니다. 거듭난 사람은 말씀에 계시된 하나님의 뜻을 따라 그의 전 생애를 정합니다. 반면, 거듭나지 못한 사람은 자신의 부패한 상상이나 세속적인 의견에 따라 그것을 명령합니다.
3) 그들이 지향하는 목적이 다르고 반대되기 때문입니다. 중생한 자는 영생의 소망으로 부름을 받았기 때문에 하나님과 천국을 따라 살아갑니다.

    그러나 거듭나지 못한 사람은 자신과 현재의 세상을 찾습니다. 따라서 거듭나지 못한 자들이 이 세상에 속한다고 말하는 것입니다. 그러나 중생한 자들은 천국의 시민입니다(빌 3:20).

자신이 거듭났으며, 진정한 신자라고 생각하는 자들은 자신의 언어생활을 돌아보아야 합니다. 이는 중생한 자와 중생하지 못한 자를 구별하는 하나의 표시가 되기 때문입니다.

경건하며 신앙고백에 합당한 삶을 사는 자들은 이 땅에서 고통을 당합니다. 그들의 삶을 비난하고 공격하는 사람들을 만나게 됩니다. 그들이 이 세상의 방식으로 살지 않기 때문입니다. 이러한 삶은 경건치 않은 자들의 타락한 삶을 책망하는 기능을 합니다(엡 5:11-13). 그리고 이것은 우리의 거듭남의 표시이기 때문에 우리에게 가장 큰 위안이 됩니다.

우리는 우리의 삶과 대화의 변화를 통해 이것을 다른 사람들에게 나타내고 우리 자신을 확인해야 합니다. 이것이 우리가 그리스도 안에서 부르심을 받은 중생의 은혜입니다.

교리 2 거듭나지 않은 자와 거듭난 자가 다른 이유는 복음의 교리 때문입니다.

1) 복음의 교리는 모든 경건하지 않은 것과 세상적인 것을 부인하고 거룩하게 살라고 가르치기 때문입니다(딛 2:12).
2) 사람에게 이러한 변화를 일으키기 위해 복음 전파와 함께 성령의 강력한 활동이 있기 때문입니다. 이것을 성령의 사역, 생명의 성령의 법, 하나님의 팔이라고 부릅니다.
3) 믿음의 합당한 능력은 그 안에 있는 자의 마음을 깨끗하게 하는 것이기 때문입니다(행 15:9). 또한 우리가 전해진 교리를 우리 마음으로부터 들었기 때문입니다(롬 6:17).

복음의 설교를 헛되이 듣고 회심과 삶의 변화와 열매 없이 우리 자신을 속이는 일이 없도록 조심하십시오.

교리 3 복음으로 이루어진 이 회심의 한 부분은 우리의 모든 부패한 성향과 습관을 죽이는 것입니다.

이것은 22절에 언급되어 있습니다. 여기서 옛사람은 모든 타락한 성향을 의미합니다. 이 타락한 성향은 태어날 때부터 사람의 모든 부분과 기능을 소유하고 지배하는 권세를 가지고 있습니다. 그래서 옛사람이라고 불립니다. 그러나 그리스도인들은 그것을 낡고 쓸모없는 것으로 여기고 벗어버려야 합니다.

1) 그리스도의 죽으심과 복음의 목적은 마귀의 일을 멸하기 위함이기 때문입니다(요일 3:8).
2) 타락과 부패로 인해 우리는 하나님과 분리되었으며, 복음은 우리가 그것들을 버리고 다시 하나님께로 가도록 인도하기 때문입니다.
3) 욕망과 습관이 지배하는 것들에는 생명과 순종이 설 자리가 없기 때문입니다. 그리고 복음은 우리를 영적인 삶과 새로운 순종으로 부르십니다.

자신이 거듭났다고 생각하면서도 육체의 종노릇을 하는 자들은 책망받아야 합니다. 우리는 그러한 정욕을 억누를 뿐 아니라 완전히 근절하기 위해 우리 자신을 죽여야 합니다. 우리는 우리의 첫 번째 회개에서부터 시작해서 날마다 새로워져야 합니다.

성경은 믿음으로 말미암아 우리에게 적용된 그리스도의 죽으심으로 우리의 옛사람이 그리스도와 함께 십자가에 못 박혔다고 말하고 있습니다. 그리스도는 부분적으로는 우리 죄 때문에 십자가에 못 박히셨습니다. 그리고 부분적으로는 아버지께서 우리를 사랑하여 우리로 구원을 얻게 하심에서 비롯되었습니다. 또 부분적으로는 우리에 대한 그리스도 자신의 사랑에서 비롯되었습니다. 그 사랑으로 인해 그분은 우리를 위해 기꺼이 자신의 목숨을 버리셨습니다. 이러한 사실을 진지하게 묵상할 때 우리 안에 있는 죄의 세력이 약해집니다. 성령의 능력으로 우리는 우리 자신을 하나님께 바쳐야 합니다.

교리 4 이 회심의 다른 부분은 소생(vivification), 즉 속 사람을 새롭게 하는 것입니다.

새롭게 된 사람이라는 용어는 하나님의 뜻에 일치하는 새로운 성향(dispositions)을 의미합니다. 그것들은 다른 성질들처럼 사람 전체에 퍼져 있기에 새 사람이라고 불립니다. 질서와 관련해서 그들은 다른 것을 따르기 때문입니다. 또 새것이 낡은 것보다 나은 것처럼 그것들이 다른 것보다 훨씬 낫기 때문입니다. 이런 점에서 다른 것보다 더 뛰어난 것을 새롭다고 합니다.

이 새 사람은 입어야 한다고 말합니다. 이는 우리 생각의 영 안에 이러한 내적 성향이 얻어질 때 그것이 그 사람과 속사람을 새롭게 하기 때문입니다(23절). 외적으로나 내적으로나 우리를 완전히 붙잡고 그 자체로 우리를 완전히 감싸기 때문에 의복으로 입는다고 표현합니다. 그러므로 여기에는 전가된 의뿐만 아니라 새로운 순종의 행동으로 구성되는 내재적 의도도 포함됩니다.

1) 새 사람을 입는 것은 하나님의 형상을 따르는 것이기 때문입니다. 우

리의 전 생애 동안 하나님을 향하여 살고 부르심을 받은 하나님의 형상을 닮고자 열망하는 것이 우리의 의무이기 때문입니다.

2) 우리의 영적 완전함은 이 새 사람, 즉 하나님의 형상 안에 있기 때문입니다. 그러므로 이것은 우리의 영화(glorification)의 주요 부분입니다.

3) 우리가 이 형상으로 자기 형상을 기뻐하시는 하나님을 기쁘시게 하는 것 같이, 이 형상으로만 우리가 합당하게 되어 마땅히 하나님께 영광을 돌리기 때문입니다.

4) 우리는 이 새 사람 됨이 없이는 옛사람의 부패함과 사악함에서 벗어날 수 없기 때문입니다.

이 목적을 위하여 하나님께서 우리를 거룩하게 하셨으므로 우리는 더욱 힘써 이 새 사람을 입어야 합니다. 이것은 그리스도의 부활하심을 믿음으로 우리에게 적용되었습니다. 우리는 그리스도의 말씀과 성례에서 우리에게 주어진 성령의 힘으로 이 옷을 입고 있습니다.

교리 5 옛사람은 오류와 타락을 가져옵니다. 그러나 새 사람은 의와 참된 거룩함을 가져옵니다.

옛사람은 모든 은밀한 오류로 이해력이 부패하고 온갖 정욕에 의해서 기능들이 부패합니다. 바른길에서 벗어남으로써 삶과 대화가 부패합니다. 그러나 새 사람은 의와 거룩함의 일을 행합니다. 이는 다음과 같은 이유 때문입니다.

1) 새 사람은 하나님의 율법인 의의 규범을 준수하기 때문입니다.

2) 새 사람은 거룩함의 비율에 따라 신의 성품을 닮아가기 때문입니다.

3) 새 사람은 항상 선한 열매를 맺는 것을 추구하기 때문입니다.

우리는 같은 관심과 열심으로 옛사람을 죽이고 새 사람을 소생시키기 위해 수고해야 합니다. 부패와 죽음을 피하고 거룩하며, 복된 완전에 도달하기를 소원해야 합니다.

> 34번째 주일

제1계명에서 명령하는 것은 무엇입니까?

출애굽기 20장 1-3절
하나님이 이 모든 말씀으로 말씀하여 이르시되 나는 너를 애굽 땅, 종 되었던 집에서 인도하여 낸 네 하나님 여호와니라 너는 나 외에는 다른 신들을 네게 두지 말라.

본문에는 도덕법의 서문과 그 첫 번째 교훈이 언급됩니다. 이 서문에는 법의 정의, 구분 및 확인이 포함되어 있습니다. 이 법의 정의는 그것의 특정적이거나 구별적인 개념인 상황에 의해 규정되며, 이에 따라 이 법은 다른 모든 법과 구별됩니다. 그중 하나는, 하나님 자신이 이 율법을 직접 말씀하셨다는 것입니다. 그리고 2절에서 이 율법에 적합한 순종을 유도하기 위해 가장 강력한 논거를 제시합니다. 이는 이중적인 것으로서, 언약에서 나는 너의 하나님이라는 것입니다. 그리고 그 언약의 수혜자는 3절에서 여호와만을 하나님으로 모시도록 명령받습니다.

그러므로 우리는 온 마음을 다해 예배해야 합니다. 이것이 여호와를 우리 하나님으로 모시는 것입니다. 이것을 생각으로만 이해하는 것이 아니라 실질적으로, 효과적으로, 실제로 이해해야 합니다.

교리 1 십계명에 포함된 이 하나님의 율법 열 가지는 인간의 삶을 인도하는 가장 완전한 법칙입니다.

이것은 우리가 앞에서 말했듯이 두 가지 상황에서 규정된 정의에서 나타납니다. 이 율법은 하나님을 그 저자로 삼을 뿐만 아니라 특별한 준비를 거쳐 가장 완벽한 방식으로 독특한 위엄을 가지고 있기 때문입니다. 우리는 이 율법에서 우리가 바라는 삶의 완전함을 발견합니다.

1) 이는 사람의 모든 의무를 규정하고 있기 때문입니다. 첫째 서판에서는 하나님 자신을 바라보게 하며, 둘째 서판에서는 우리 이웃을 바라보게 합니다.
2) 모든 의무에서 가장 완벽한 것을 요구하고 있기 때문입니다. 즉, 마음 전체와 마음의 가장 깊은 곳에서부터 나오는 것을 요구합니다. 사람들은 완벽한 순수함과 신실함을 가지고 하나님의 영광을 위해 그것을 수행해야 합니다.
3) 그 안에는 하나님의 형상에 따라 창조된 인간의 순수한 첫 번째 본성의 완전성에 대한 묘사가 있기 때문입니다. 그러므로 자연의 법칙이라고도 부릅니다. 원시적이고 순수한 본성에 따라 인간의 마음에 기록된 삶의 법칙이 여기에 설명되어 있기 때문입니다.
4) 사법법(Judical)처럼 한 국가에만 속하지 않기 때문입니다. 의식법처럼 어떤 특정한 때에 국한되지도 않습니다. 이 율법은 모든 국가와 시대 및 개인의 공통법입니다.

우리는 이 하나님의 율법을 마땅히 존중해야 합니다. 그것을 전능하신 하나님의 뜻으로 생각하고 우리 삶의 유일한 규칙으로, 우리에게 가장 친밀하게 속한 그분의 뜻으로 생각해야 합니다. 이 율법은 그러한 규칙으로서 결함이 없고 그 자체로 완전하며 우리에게 모든 완전성을 요구합니다. 우리는 이 율법에 모든 경외심을 가지고 율법을 소홀히 하거나 멸시하지 않도록 주의해야 합니다.

교리 2 도덕법은 다양한 단어나 계율로 나뉩니다.

이것은 하나님께서 "이 모든 말씀으로" 말씀하셨다는 데서 알 수 있습니다. 하나님은 그것들을 짧게 요약해서 말씀하셨습니다. 그 주요 부분은 크게 두 개의 서판으로 나뉘며, 다음은 열 가지 계율, 또는 명령으로 나뉩니다.

1) 우리가 하나님의 뜻을 더 쉽게 이해할 수 있도록 부분으로 나누어 말씀하신 것입니다. 만약 길고 장황하게 선언되었다면, 우리는 그것들을 그렇게 잘 이해할 수 없었을 것입니다. 분할되어 선언된 것이 설명과 이해에 큰 도움이 됩니다.
2) 이 방법은 우리의 기억에 도움이 됩니다. 우리의 기억은 부분들 사이의 순서에서 강화되기 때문입니다.
3) 우리 대화의 모든 부분과 행위에서 이 법의 어떤 부분으로부터 한 방향의 빛을 얻을 수 있습니다.

우리는 이 율법의 어떤 말씀도 소홀히 하거나 경시해서는 안 됩니다. 그것들은 모두 하나의 동일한 율법의 일부이며 동일한 권한을 부여받았기 때문입니다. 누구든지 그것 중 하나에 걸려 넘어지면, 그것 모두에서 유죄가 됩니다.

교리 3 율법의 어떤 부분에서 명령된 것이든, 그것이 무엇이든, 우리는 그것을 하나님께 이행해야 합니다.

이것은 본문의 "나는…네 하나님 여호와니라"는 말씀에서 확증하고 있습니다.

1) 우리가 하나님을 의지하기 때문에 하나님은 그의 절대적인 권능과 주권으로 우리에게 정당하게 요구하고 명령하십니다.
2) 우리는 영적 유익과 축복에서, 그리고 현세적이고 육체적인 축복에서 하나님께 빚을 지고 있습니다. 우리는 감사함으로 모든 것에 순종해야 합니다.
3) 하나님은 우리의 모든 순종에 대해 가장 풍성하게 보상하실 준비가 되어 있습니다.

우리가 하나님께 순종해야 하는 다양한 의무에 대해 자주 묵상함으로써 우리의 마음을 더욱 일깨우고 항상 순종할 수 있도록 범사에 주의를 기울여야 합니다.

교리 4 율법의 모든 명령은 온전한 순종을 요구합니다.

그러므로 외적으로만이 아니라 내적으로도 순종해야 합니다.

1) 이 율법을 주신 하나님은 인간의 온전한 순종, 즉 인간의 영혼과 육체 모두의 순종으로 영광을 받으셔야 하기 때문입니다.
2) 이것이 하나님의 율법의 탁월한 완성이기 때문입니다. 율법은 인간의

마음을 복종시키는 점에서 인간의 모든 법을 능가합니다. 이 법의 저자는 하나님 한 분이십니다.

3) 이 율법은 영적 생활의 법칙으로서 우리의 영에까지 영향을 끼치기 때문입니다.

이 법을 올바르게 이해하기 위해 우리는 그 율법만이 아니라 그에 포함된 것을 생각해야 합니다. 명시적인 말로 제시된 율법은 외적인 것이든 내적인 것이든 다 지켜야 합니다. 또한 모든 명령은 단순한 문자로 취해서는 안 됩니다. 명령된 특정 악에 대한 금욕은 전체적인 순종을 위해 사용됩니다. 그러므로 전체 십계명은 내외적인 부분 모두에 적용되도록 이해해야 합니다.

우리는 율법에 대한 어떤 종류의 순종으로도 쉽게 만족해서는 안 됩니다. 우리가 율법에서 요구하는 완벽함에서 멀리 떨어져 있음을 겸손하게 인정해야 합니다.

교리 5 가장 크고 첫째되는 명령은 하나님에 대한 우리의 의무를 담은 것입니다.

그러므로 그것은 첫 번째 위치에 놓여 있습니다. 이는 마태복음 22장 36-38절에서와 같이 그리스도께서 증거하시는 것입니다.

1) 하나님 자신이 이 의무의 대상이시기 때문에 이 의무 자체에도 하나님의 존귀와 위엄이 나타납니다.

2) 하나님에 대한 의무에는 인간에 대한 의무보다 훨씬 더 많은 것이 포

함되어 있기 때문입니다. 그 형식에서도 알 수 있듯이 마음을 다하고 뜻을 다해 순종하는 것이 요구됩니다(신 6:4-6; 수 22:5; 막 12:32-34; 눅 10:26-28).

3) 이 의무는 다른 모든 것의 기초요 원칙이므로 다른 모든 의무도 하나님 안에서만 행하며, 하나님을 위해 행해야 합니다. 따라서 두 번째 서판의 의무들은 사실상 첫 번째 계명에 포함됩니다.

우리는 하나님께 속한 의무에 우리의 관심이 첫 번째로 집중되게 해야 합니다.

교리 6 하나님에 대한 우리의 주된 의무는 오직 그분만이 우리의 하나님이 되시는 것입니다.

하나님을 우리 하나님으로 삼는다는 것은 하나님의 탁월한 위엄에 합당한 영예를 하나님께 드리는 것입니다. 그리고 여기에는 하나님을 아는 것이 요구됩니다. 그분의 본성과 뜻을 알지 못하고서 그분을 정당하게 공경할 수 없기 때문입니다(요 4:22; 롬 10:14). 우리가 하나님께 드리는 영예는 창조주에 대한 것이기 때문에 우리는 가장 겸손한 경외심으로 그에게 복종합니다.

하나님은 우리의 삶과 죽음에 대한 권세를 가지신 우리의 주인이십니다. 우리의 육체뿐만 아니라 우리 영혼의 주인이십니다. 우리는 그분이 우리에게 증거하고 제안하는 모든 것을 믿고 참된 믿음으로 그 안에 거합니다. 그렇지 않으면 그분의 전지하심과 진리에 대한 영광을 그분께 드릴 수 없기 때문입니다. 우리는 그가 약속하신 모든 것을 확실한 소망으로 바라봅니다. 우리는 가장 큰 사랑으로 그분을 최고의 선으로 붙듭니다. 하나님의 본질적인 개념은 그 자체로 가장 높고 가장 완전한 선의 근원이자 저자(소유주)를 나타내기 때문입니다.

그러므로 하나님께 합당한 영예는 최고의 선에 대한 묵상과 이해로 고양된 애정(affection), 즉 순수하고 완전한 사랑을 그 안에 담고 있습니다. 우리는 이 모든 의무를 표현하고, 그의 말씀을 경건하게 듣고, 그의 이름을 부름으로써 예배합니다. 그러한 애정이 표현되는 활동 없이는 하나님의 영예에 강력한 영향을 미칠 수 없습니다. 하나님을 공경하는 생생한 애정은 우리 안에서 생겨나고 보존되고 향상되는 수단 없이는 우리 마음에 간직될 수 없습니다.

자신을 하나님께 드리지 않는 자들 가운데 어떤 이들은 하나님을 그들의 하나님으로 생각하고 입으로는 하나님을 부정하지 않으면서 자신이 계명을 잘 지키고 있다고 생각합니다. 그러나 그들은 하나님과 하나님의 뜻에 굴복되지 않은 자들이며, 자신들의 무지에 안주하는 자들입니다. 참된 믿음과 소망과 사랑으로 자기를 세우려 하지 않는 자들입니다. 공적이든 사적이든 경건의 행사를 경멸하거나 방치하는 자들이며, 하나님께 마땅한 영예를 돌리려고 노력하지 않는 자들입니다. 그들은 하나님을 참으로 그들의 하나님으로 모시지 않는 자들입니다.

우리가 이 세상에서 하나님 없는 자들처럼 되지 않으려면, 우리는 경건에 더 큰 관심을 가져야 합니다.

교리 7 누구든지 이 영예나 그 일부를 하나님이 아닌 다른 사람에게 주는 자는 스스로 거짓 신을 세우는 자요, 우상 숭배자입니다.

종합하면, 참 하나님이 아닌 다른 사람에게 이 영예를 주지 않아야 한다는 것입니다. 이 명령을 어기는 죄를 짓는 경우는 다음과 같습니다. 첫째, 이 영광을 하나님께 돌리지 않는 것입니다. 둘째, 이 존귀를 하나님이 아닌 다른 이에게 돌리는 것입니다. 셋째, 하나님 곧 그의 영광을 대적하여 싸우거나 다투는 것입니다.

1) 하나님께 죄를 짓는 사람은 누구든지 불경한 자입니다.
2) 그들은 우상 숭배자입니다.
3) 그들은 하나님의 적입니다.

이 영예의 상당 부분을 피조물에게 주는 교황주의자들은 우상 숭배자들입니다. 사도는 세속적인 일에 마음이 고정되어 있는 사람들에 대해, 그들이 자신의 배와 재물을 신으로 삼고 있다고 우리에게 경고합니다(빌 3:19).

35번째 주일

제2계명에서 명령하는 것은 무엇입니까?

출애굽기 20장 4-6절
너를 위하여 새긴 우상을 만들지 말고 또 위로 하늘에 있는 것이나 아래로 땅에 있는 것이나 땅 아래 물 속에 있는 것의 어떤 형상도 만들지 말며 그것들에게 절하지 말며 그것들을 섬기지 말라 나 네 하나님 여호와는 질투하는 하나님인즉 나를 미워하는 자의 죄를 갚되 아버지로부터 아들에게로 삼사 대까지 이르게 하거니와 나를 사랑하고 내 계명을 지키는 자에게는 천 대까지 은혜를 베푸느니라.

이 말씀에는 십계명의 두 번째 명령과 그 명령을 거룩하게 하는 내용이 있습니다. 그것은 하나님을 경배하는 데 사용되는 일반적인 수단에 대한 설명입니다. 이 명령을 어기는 것에 대한 제재는 위협과 약속으로 구성되어 있으며, 이는 하나님의 본질로부터 나오는 것입니다. 즉, '나는 여호와'라는 선언입니다. 이것은 하나님께 대한 본질적인 예배의 명령입니다. 하나님에 대한 예배는 형상의 남용으로 가장 많이 침해당했습니다.

교리 1 하나님은 우리가 하나님을 어떠한 방식과 수단으로 예배해야 하는지 직접 명령하셨습니다.

이것은 사람이 자의적으로 만든 모든 형상의 숭배를 정죄해야 한다는 교훈에서 나온 것입니다. 그러므로 하나님께서 친히 정하신 것 외에는 다른 어떤 숭배도 인정되지 않습니다. 이 교리는 다음과 같은 말로 분명하게 표현됩니다. "당신 마음대로 그리고 당신이 좋아하는 대로 하나님께 예배드리지 말아야 합니다." 이 말은 때때로 자기 자신을 위해 아무것도 만들지 말아야 한다는 의미를 지닙니다. 그러나 십계명의 짧고 포괄적인 표현 방식과 여기에서 언급된 문제 자체는 자의적으로 예배하지 말아야 한다는 의미로 받아들여집니다. 이 교리는 출애굽기 23장 33절과 신명기 12장 32절에 표현되어 있습니다.

1) 무엇이 자신에게 합당하고 그의 성품과 뜻에 합당한지는 오직 하나님만이 아시기 때문입니다.
2) 우리가 하나님께 빚진 모든 축복과 열매가 그분께 달려 있기 때문입니다. 하나님이 어떤 방법으로 우리에게 역사하실지, 어떤 방법으로 우리에게 축복할지를 우리가 하나님께 지시할 수 없습니다.
3) 명령받지 않은 예배는 그 안에 순종의 본성이 없기 때문입니다. 그러나 우리가 순종함으로써 그를 경배하는 것은 그의 영예에 속합니다.
4) 신성한 일에 대한 인간의 상상은 너무나 헛되고 무익하기 때문입니다. 만일 우리가 신성한 예배의 수단을 스스로 선택하도록 내버려 두었다면 모든 것이 전통과 헛된 관찰로 변했을 것입니다. 이 방법으로 마귀는 거의 전 세계적으로 사람들을 공허한 미신으로 인도했습니다.

자의적 숭배와 인간이 고안한 전통 및 그들 자신의 규례로 신성한 예배의 모든 부분을 더럽힌 교황주의자들에 반대해야 합니다. 하나님을 예배할 때 우리는 말씀과 성례와 권징의 사역에서 하나님 자신의 거룩한 규례를 정확하게 존중해야 합니다. 다른 한편으로 우리는 인간의 모든 장치를 경멸해야 합니다.

교리 2 형상을 가지고 하나님을 예배할 수 없습니다.

하나님을 예배할 때 어떤 형상이든 형상을 사용하는 것이 금지되어 있습니다. 교황주의자들처럼 거짓 신의 형상을 사용하는 것도 금지되어 있습니다(신 4:12). 이스라엘은 여호와의 형상을 표현하기 위해 송아지를 만들었습니다(출 32:1-6). 우상 숭배라고 부르는 이 죄의 심각성은 성경 모든 곳에서 나타납니다. 어떤 형상 앞에서 하나님을 경배하는 자들은 참 하나님을 완전히 저버리는 것입니다. 그들은 주요하고 본질적인 우상 숭배를 저지르지 않는다고 하더라도 그것에 참여함으로써 이차적인 우상 숭배와 간접적인 우상 숭배의 죄를 범하고 있습니다.

1) 어떤 면에서 그들은 참 하나님 외에 또 다른 하나님을 만들기 때문입니다. 즉, 형상으로 표현되고 숭배되는 신입니다.
2) 그들은 하나님께 드려야 할 영광을 감소시킬 뿐만 아니라 명시적이든 묵시적이든 오직 하나님께만 돌아가야 할 영광의 일부를 형상에 돌리기 때문입니다.
3) 그들은 또한 어떤 식으로든 그 형상의 저자를 신성한 영예로 공경하는 동시에, 신성한 예배를 제정할 수 있는 하나님만의 권한을 그들에게 부여하기 때문입니다. 그런 의미에서 그들은 마귀를 숭배하는 것입니다. 마귀는 형상 숭배의 주된 창시자이기 때문입니다. 이것이 성경에서 형상 숭배를 중대한 죄라고 부르는 이유입니다. 형상 숭배는 하나님을 미워하는 것으로 불리며, 다른 곳에서는 배반, 간음 및 혼인 계

약의 위반으로 불립니다. 이것은 이 계명에 규정된 위협에서처럼 이 죄에 대해 그토록 무거운 형벌이 선고되는 이유이기도 합니다. 하나님은 이 죄악을 그들의 자녀와 손자들에게도 다시 벌하여 제3세대와 4세대에 이르기까지 심판하겠다고 말씀하셨습니다.

천사들이나 세상을 떠난 성도들에게 기도하는 것은 제1계명을 어기고 우상 숭배를 범하는 죄입니다. 교황주의자들은 이러한 우상 숭배를 범하는 자들로서, 성부와 성자와 성령의 형상을 만드는 자들입니다. 이들은 이미지를 사용하는 것에서 죄를 범하고 있으며, 하나님의 계시된 뜻에 반하여 형상을 삽입함으로써 하나님께 드리는 예배를 우상적으로 만듭니다. 이것은 모든 경건한 사람이 교회와 교황 숭배에서 분리되어야 할 정당한 이유를 제공합니다.

이러한 우상 숭배에서 우리를 구해 주신 하나님께 감사하며, 그러한 우상 숭배 의식에 어떤 식으로든 소통하지 않도록 관심과 주의를 기울여야 합니다.

교리 3 우리는 이러한 이미지를 부지런히 피해야 합니다.

이것은 하나님께서 모든 종류의 이미지를 금지하는 명령을 내리신 것에서 나타납니다. 이것이 사도 요한이 그의 첫 번째 서신에서 말한 것입니다(요일 5:21).

1) 그러한 형상은 가증한 것이며, 우상 숭배에 속하기 때문입니다. 모든 경건한 사람은 이로부터 멀리 떨어져 있어야 합니다.

2) 이 인간의 발명품에는 큰 위험이 있기 때문입니다. 몸을 굽히거나 절하지 말라는 등의 이 교훈의 말씀에서 알 수 있듯이, 그것들이 무의식적으로 우리를 배교나 배반으로 유혹하지 못하게 하려는 것입니다.

3) 이 방법으로 우리는 우상 숭배자들을 견책해야 하고 가능한 한 그들을 우상 숭배에서 돌아오게 해야 하기 때문입니다.

우리는 이런 부분에서 주의를 기울여 하나님에 대한 예배가 더럽혀지지 않도록 하고 스스로 순결하게 보존해야 합니다. 하나님의 어떤 형상도 허용되지 않고 거룩한 용도를 위한 다른 어떤 형상도 허용되지 않으며, 인간이 도입한 모든 상징적 형상이나 고안된 어떤 것도 허용되지 않습니다. 이런 방법을 사용해서 무례하고 무지한 사람들을 가르치려는 것은 헛된 구실일 뿐입니다(히 2:18; 렘 10:14).

36번째 주일

제3계명에서 명령하는 것은 무엇입니까?

출애굽기 20장 7절
너는 네 하나님 여호와의 이름을 망령되게 부르지 말라 여호와는 그의 이름을 망령되게 부르는 자를 죄 없다 하지 아니하리라.

십계명의 세 번째 명령은 하나님을 경배하는 방식, 또는 하나님과 예배와 관계된 것들을 올바르게 사용하는 문제와 관련이 있습니다. 여기서 '여호와의 이름'은 하나님이 자신을 우리에게 알리는 모든 것을 의미합니다. 그러므로 하나님의 이름을 헛되이 사용하는 것은 이를 심각하게 남용하는 것입니다. 하나님의 이름을 참된 목적과 열매 없이 사용하거나 정해지지 않은 목적으로 사용하는 경우, 경솔하게 또는 헛되이 사용하거나 안일하고 고의적으로 뒤틀리게 사용하는 경우가 그것입니다. 이렇게 불경건한 용도로 하나님의 이름을 사용하는 것은 하나님의 이름을 망령되이 일컫는 것입니다. 이 교훈의 제재는 일반적으로 모든 불행에 해당하는 위협입니다. 하나님은 그들을 무죄한 자로 여기지 않으시고 명령을 어긴 죄에 대해 심판하겠다고 하십니다.

교리 1 모든 신앙과 헌신에 있어서 우리는 하나님의 예배에 속하는 것과 그것을 취급하는 방법에 정통해야 합니다.

이것은 "네 하나님 여호와의 이름을 망령되게 부르지 말라"고 하신 말씀에서 분명하게 나타납니다.

1) 그 방식에 정통해야 하는 것은 우리의 행동과 의무에 속하기 때문입니다. 우리의 행동을 올바르게 지시하는 것은 내적으로 우리의 의무에 속합니다.

2) 하나님의 이름이 우리의 신뢰에 위탁되고 추천되었기 때문에 우리는 하나님의 이름을 경건하게 사용해야 합니다.

3) 하나님의 이름에는 너무나 많은 가치와 탁월함이 있기 때문에 그 이름을 멸시하고 무시하는 태도로 사용하거나 소홀히 하는 것은 사악한 죄입니다. 하나님의 이름은 하나님이 정하신 대로 경외심 가운데 사용해야 합니다. 우리는 하나님의 명예와 그분께 드리는 예배를 훌륭하게 보존하고 유지해야 합니다. 열심과 간절한 마음을 다해 하나님의 이름을 사용하여 하나님께 영광을 돌리고 우리 자신의 구원을 이루는 데 힘써야 합니다. 이 계명은 하나님의 이름을 헛되이 사용하는 것을 금하고 있습니다. 인간의 자기 목적을 위해 하나님의 이름을 사용하는 것은 경솔한 것이며 헛되이 사용하는 것입니다. 우리는 하나님의 이름을 성실함 가운데 사용해야 합니다. 또 가볍게 사용하는 것도 금하고 있는데, 우리는 경외심과 진지함과 엄중함을 가지고 사용해야 합니다. 허영심으로 하나님의 이름을 사용하는 것도 금하고 있습니다.

교황주의자들이 우상적인 예배에서 하나님의 이름을 부르는 것에 반대해야 합니다. 그들이 성물을 사용하면서 관습에 따라 하나님의 이름을 사용하는 것을 반대해야 합니다. 하나님의 이름을 사용하는 데 있어서 우리의 마음과 양심에 신앙심이 더 크게 일어나게 하십시오.

교리 2 서약 및 그와 유사한 것들을 사용할 때 이 신앙적인 관심이 특별히 필요합니다.

맹세, 서원, 약속, 언약 등에서 특별한 방법으로 하나님의 이름이 우리 입에 있기 때문입니다. 하나님의 두려운 이름에 대한 경외심을 갖는 것이 여기에서 특별히 우리에게 요구됩니다.

1) 모든 맹세에는 특별한 방식으로 하나님의 이름을 부르는 특정한 부름이 있기 때문입니다.
2) 우리가 진실을 말하지 않거나 옳은 일을 행하지 않는다면, 하나님은 재판관과 복수자로 일하실 것이기 때문입니다.
3) 맹세에서 우리는 인간에게만 아니라 하나님께도 우리 자신을 결속시키기 때문입니다. 우리가 맹세에 정직하지 못해서 우리의 영혼을 하나님의 진노와 저주와 그의 무서운 복수 아래 둘 필요가 없습니다.
4) 여기에서 우리는 보증인을 위해 하나님과 그의 이름을 사용하기 때문입니다. 하나님의 이름을 사용하는 일에서는 모든 면에서 특별한 신앙적인 주의가 필요합니다.

경솔한 맹세나 미신적이고 모독적인 맹세를 하는 불경한 자들에게는 정죄가 주어집니다.

교리 3 하나님의 이름을 남용하는 것은 가장 통탄할 죄이며, 하나님께서 특별한 방법으로 갚으실 것입니다.

이것은 하나님께서 그를 죄 없다고 하지 않으실 것이라는 교훈에 나타나 있습니다.

1) 사람들 사이에서 이 죄는 경미한 것으로 간주되거나 아무런 형벌도 없이 날마다 쉽게 범해지기 때문입니다.
2) 하나님을 경배함에 있어서 우리 마음 상태를 거의 고려하지 않는 것은 우리의 타고난 부패성이기 때문입니다.

이 죄의 중함은 하나님이 모독을 받으시며, 하나님의 예배가 연극으로 변질되고(오늘날의 열린 예배), 이로써 하나님의 이름이 멸시받는 것입니다. 이 죄에 뒤따르는 형벌 가운데 가장 무서운 것은 영적 보복입니다. 하나님은 그런 사람들을 버리시므로 그들은 사망에 이르게 됩니다.

우리는 이런 종류의 죄에 주의해야 합니다. 성경 구절을 장난스럽게 사용하거나 조롱해서는 안 됩니다. 부적이나 요술이나 주술을 위해 사용해서도 안 됩니다. 성경은 예배의 어떤 부분에서도 유행이나 관습에 따라 사용되어서는 안 됩니다.

교리 4 이러한 죄의 두려움이나 공포 때문에 맹세 자체를 불법적으로 여기고 완전히 삼가서는 안 됩니다.

우리는 맹세에 대한 교훈의 긍정적이고 명령적인 부분에 의해 필요한 경우에는 맹세를 사용해야 합니다.

37번째 주일

제4계명에서 명령하는 것은 무엇입니까?

출애굽기 20장 8-11절
안식일을 기억하여 거룩하게 지키라 엿새 동안은 힘써 네 모든 일을 행할 것이나 일곱째 날은 네 하나님 여호와의 안식일인즉 너나 네 아들이나 네 딸이나 네 남종이나 네 여종이나 네 가축이나 네 문안에 머무는 객이라도 아무 일도 하지 말라 이는 엿새 동안에 나 여호와가 하늘과 땅과 바다와 그 가운데 모든 것을 만들고 일곱째 날에 쉬었음이라 그러므로 나 여호와가 안식일을 복되게 하여 그날을 거룩하게 하였느니라.

더 엄숙한 예배 시간을 위한 이 네 번째 명령은 다음과 같이 설명됩니다. 8절에서는 이날을 지키는 것이 우리의 의무라고 말씀하십니다. 그 의무는 안식을 거룩하게 하는 것입니다. 안식을 거룩하게 한다는 것은 안식을 하나님께 드리는 예배에 거룩하게 적용하는 것입니다. 그 이유는 두 가지입니다. 하나님은 우리의 일을 위해 6일을 약속하셨습니다. 따라서 하나님은 일곱째 날을 자신의 예배에 바치도록 정당하게 요구할 수 있습니다. 또한, 하나님은 일곱째 날에 안식하심으로써 우리가 따라야 할 본보기를 보여주셨습니다. 하나님께서 그날을 거룩하게 하신 것은 오늘날의 세속적인 용도에서 거룩한 용도로 분리하시는 것이었습니다. 또 그날을 축복하신 것은 그날을 바르게 드리는 자를 축복하시겠다는 약속이었습니다.

교리 1 특정한 시간은 더 엄숙한 예배를 위해 개인적으로나 공적으로 지정되고 구별되어야 합니다.

우리가 사는 사회에서 엄숙한 예배를 위한 가장 적합한 시간은 공적 예배를 드리는 시간입니다. 또한 우리는 개인적인 경건의 훈련을 위해 올바른 질서에 따라 아침과 저녁의 일정 시간을 지켜야 합니다. 이것은 성경에서 승인되고 따라야 할 모범으로 우리에게 제안된 것으로, 선지자와 사도들의 관행입니다.

1) 우리는 질서 있고 단정하게 하나님을 예배하는 일에 관심을 가져야 하기 때문입니다. 따라서 특정한 시간을 구별하지 않을 수 없습니다.
2) 우리의 허영심과 게으름과 영적 의무에 대한 망각으로 인해 이와 같은 의식의 도움이 필요하기 때문입니다.
3) 이 정해진 시간은 우리를 많은 죄로부터 보호해 주기 때문입니다.

하나님을 예배한다고 공언하면서도 하나님께 마땅히 드려야 할 예배 시간을 거의 찾지 못하는 자들의 태만은 반드시 책망받아야 합니다.

교리 2 7일 중 하루를 거룩하게 지키는 것은 도덕적인 영원한 의무입니다. 우리는 주의 날을 지켜야 합니다.

1) 하나님께서 친히 다른 명령과 함께 이것을 도덕법에 명시하셨으며, 친히 돌판에 기록하셨기 때문입니다. 이것은 오직 도덕법에 합당한 것입니다.
2) 천지창조 때부터 그렇게 정해졌기 때문입니다.

3) 일곱째 날을 지키는 것이 첫 번째 제도에서 필요하기 때문입니다.

주님의 날, 주의 첫날 또는 일곱째 날이 신성한 권위에 의해 우리에게 거룩하게 유지되도록 지정되었다는 것은 다음과 같은 사실에서 나타납니다.

안식일에서 주일로 변경된 이유와 근거는 다음과 같습니다. 하나님이 처음에 창조 때부터 안식하시려고 일곱째 날을 정하셨기 때문입니다. 같은 방법으로 그리스도는 주일의 첫날, 즉 일상적인 7일 중 첫날을 정하셨습니다. 그날에 그가 자신의 굴욕과 형벌과 고난의 수고를 쉬고 자신을 비우셨기 때문입니다. 그분은 피조된 세상을 새롭게 하심으로 잃어버린 것보다 더 나은 상태가 되게 하셨습니다. 이날에 그리스도께서 제자들에게 나타나심에서(마 28:1; 막 16:1-3; 눅 24:1; 요 20:1, 9), 이날에 성령을 보내어 널리 퍼뜨리심에서, 사도들의 실천에서, 사도의 규정에서(고전 16:2), 신약성경에 이날을 가리키는 이름에서 주일이 사용되었기 때문입니다(계 1:10).

하나님을 향한 양심과 이 명령에 대한 순종으로 우리는 주의 날을 지키는 데 주의를 기울여야 합니다.

교리 3 우리 의무의 한 부분은 주일에 우리 자신의 모든 일을 쉬는 것입니다.

엿새 동안은 자신의 모든 일을 하되, 일곱째 날에는 아무 일도 하지 말아야 합니다. 여기에서 말하는 일이란, 하나님에 대한 경배에 직접 속하지도 않고 하나님이 어떤 필요에 따라 우리에게 부과하신 것도 아닌 우리 자신의 일입니다. 이 일은 인간적이거나 세상적인 목적을 위해 우리 자신이 선택하는 일입니다. 우리의 모든 일상적이고 용인되는 작업이 여기에 속합니다. 다만 주일에 정식 업무가 있거나 매우 긴급한 성격을 띤 일이 있을 때 등 우리 자신의 인위적인 필요에 의한 일이 아닌 것은 금지되지 않습니다. 우리가 이러한 휴식을 취하는 이유는 신성한 예배를 위한 여가를 가질 수 있기 때문입니다. 그러나 세속적인 사업은 여러 면에서 엄숙한 하나님의 예배를 방해합니다.

1) 세상의 외적인 행위는 대개 영적인 예배와 양립될 수 없기 때문입니다.
2) 마음이 세상의 일로 산만해져서 하나님께 엄숙한 예배를 드리기에 합당한 질서를 유지하거나 정착할 수 없기 때문입니다.
3) 거룩한 행위의 능력과 감각이 손상되거나 적어도 둔해지고 무뎌지기 때문입니다.

평범하고 저속한 일들로 주일의 시간을 쉽게 깨뜨리는 자들은 책망받아야 합니다. 주일에 스포츠 또는 놀이와 잔치를 하는 자들도 책망받아야 합니다.

교리 4 주의 날에 우리가 해야 할 또 다른 의무는 우리의 안식을 거룩하게 하는 것입니다. 즉, 우리가 가진 여가를 공적으로나 사적으로 하나님을 예배하는 데 사용하는 것입니다.

이 의무는 첫째, 하나님의 엄숙한 예배를 위해 우리 마음을 준비하는 것입니다. 둘째, 그의 말씀을 듣는 것입니다. 셋째, 엄숙한 기도를 하는 것입니다. 넷째, 성례에 참여하는 것입니다. 다섯째, 자선 활동을 하는 것입니다. 여섯째, 거룩한 것을 묵상하며, 성경 공부에 참여하는 것입니다. 일곱째, 하나님의 일, 창조와 섭리, 우리가 듣거나 보는 것들에 대한 신앙적 고찰을 하는 것입니다.

1) 이 의무를 통해 우리는 신앙을 고백하고 하나님께 합당한 영예를 고백하기 때문입니다.
2) 이러한 하나님과의 교제를 통해 영적으로 자신을 세울 수 있기 때문입니다. 엿새 동안 세속적인 일을 하면서 어느 정도 땅을 향해 있던 우리 마음을 적어도 7일마다 다시 하늘을 향하게 함으로써 영적으로 회복해야 합니다. 세상적인 일로 인해 우리에게 더러워진 부분이 있다면 주일에 그것들을 씻어 버리고 거룩하게 함으로써 깨끗함을 받아야 합니다. 그리고 주중의 어려움과 유혹에서 이겨내기 위해서도 주일에 영적으로 무장해야 합니다. 이날에 하늘의 다른 선물과 함께 우리의 신앙과 사랑이 우리 마음에 불타오르게 해야 합니다.
3) 우리의 신앙의 행실로 서로를 세워줄 수 있기 때문입니다. 말씀을 듣는 자가 또 다른 사람을 가르칠 수 있습니다.

안식을 거룩하게 하는 의무를 게을리하지 않도록 주의하십시오. 이것을 무시하는 것은 자신의 구원과 교회와 이웃을 무시하는 것입니다. 우리는 이날을 거룩하게 하기 위해 우리가 수행해야 할 의무를 숙고해야 합니다. 이날의 거룩함은 하나님의 이름을 거룩하게 하고 우리 자신의 구원을 발전시키는 것에 달려 있습니다. 그러므로 만약 그러한 열매를 구하지 않는다면, 우리는 큰 굴욕을 당할 정당한 이유를 갖게 됩니다. 반대로 그러한 열매를 구한다면 그것은 주님께 큰 감사를 드려야 할 이유가 됩니다.

교리 5 모든 그리스도인의 의무는 자신을 거룩하게 할 뿐만 아니라, 자신에게 속하거나 자신의 권세 아래 있는 모든 사람이 그날을 거룩하게 지키게 하는 것입니다.

이 계명은 행정관, 부모, 주인 등과 같이 다른 사람 위에 있는 모든 사람에게 적용되는 것입니다.

1) 그날에는 노역이 금지되었기 때문에 대부분 아버지가 자녀에게, 주인이 하인에게, 행정관이 신하에게 명령을 내리게 되어 있었습니다. 그러므로 다른 사람이 행하는 일이라도 명령을 내리는 자의 일입니다.
2) 이날을 거룩하게 하는 것은 부모와 주인뿐만 아니라 아들과 하인에게도 명령되었습니다.
3) 가능한 한 모든 사람의 구원을 촉진하는 것이 모든 윗사람의 의무이기 때문입니다. 하나님은 윗사람으로 인하여 아랫사람도 예배하게 하고 합당한 영예를 얻기 원하십니다.

이 문제에 대한 자신의 의무를 충분히 부지런히 수행하지 않고 이 문제에서 자녀와 하인에 대한 책임이 없다고 생각하는 사람들은 부주의에 대해 책망받아야 합니다. 또한, 아랫사람은 하나님을 섬기는 일에 있어서 윗사람에게 기꺼이 순종하고 감사해야 합니다.

교리 6 이날을 거룩하게 지키기 위해 특별히 힘써 기억해야 합니다.

1) 이 계명은 다른 계명과 같이 우리 마음에 자연스럽게 새겨져 있지 않기 때문입니다. 그러나 이것은 자연법으로서의 명령이었습니다.
2) 이 명령이 모든 날과 시간에 관한 것 아니라 하나의 특별한 시간에 관한 것이기 때문입니다. 그러므로 우리는 그것을 더 쉽게 잊을 수 있습니다.
3) 우리가 주의를 기울이고 부지런히 방향을 설정하지 않는 한, 이생의 많은 사업은 쉽게 이 의무에서 마음을 돌리게 할 것이기 때문입니다.
4) 이날을 올바로 거룩하게 지키기 위해서는 그것을 미리 생각하고 그날에 방해가 되지 않도록 세상의 일을 조정해야 하기 때문입니다. 이는 그날이 왔을 때 자유와 즐거움으로 세상의 일을 제쳐두고 엄숙한 예배에 전념할 준비가 되게 하려는 것입니다.

이날을 거룩하게 기억하지 않는 많은 사람의 게으름과 부주의는 책망받아야 합니다. 교회에서 종이 울리지 않으면, 주일을 기억하지 못하는 사람들은 책망받아야 합니다. 우리는 이날을 사사로운 쾌락이나 여가에 사용할 수 없습니다. 이날은 주님의 날로서 하나님께 예배하며 경건한 일들에 사용해야 합니다.

38번째 주일

제5계명에서 명령하는 것은 무엇입니까?

출애굽기 20장 12절
네 부모를 공경하라 그리하면 네 하나님 여호와가 네게 준 땅에서 네 생명이 길리라.

십계명의 다섯 번째 명령에서는 이웃의 지위나 자질에 따라 그에게 마땅히 보여야 할 존경에 대한 의무가 다루어집니다. 이 의무에서 특별한 점은 명예입니다. 명예는 이 의무의 중요한 부분입니다. 명예란, 어떤 사람이 지닌 가치에 대한 정당하고 올바른 존중이라고 이해할 수 있습니다. 그것은 또한 독특하고 탁월한 우수성이 나타나는 사람들에게 존경심을 드리는 것입니다. 이 명령은 우리 이웃에 대한 존경의 정도를 나타내기 위해 아버지와 어머니의 칭호를 사용한 제유법으로 우리에게 주어집니다.

이 명령에 순종한 대가는 장수에 대한 약속에 있습니다. 우리의 삶과 그 삶의 지속은 인류 관계의 보존에 달려 있기 때문입니다. 즉, 부모와 자녀관계의 보존입니다. 이것이 이 명령이 두 번째 서판에서 첫 번째로 언급된 이유이기도 합니다.

교리 1 모든 사람은 어떤 식으로든 존경을 받아야 합니다.

두 번째 서판의 교훈들은 이 서판의 요약이라고 할 수 있는 마태복음 22장 39절 "네 이웃을 네 자신 같이 사랑하라"는 명령으로 나타납니다. 이는 우리 이웃을 그가 어떤 사람인가와 관계없이 항상 고려해야 한다는 것입니다. 제5계명은 아버지와 어머니라는 이름으로 그들을 주요 대상으로 언급합니다. 그러나 이 계명은 어떤 방식으로든 모든 이웃에게 확장되어야 합니다.

1) 그 누구도 그 안에 우리가 귀하게 여겨야 할 어떤 것을 가지고 있지 않은 사람이 없기 때문입니다. 인간의 일반적인 본성은 그 안에 존중되어야 할 가치와 존엄성을 가지고 있으며, 완전히 멸시되거나 그가 마땅히 받아야 하는 것보다 덜 평가되어서는 안 됩니다.
2) 윗사람이든 아랫사람이든 모든 사람이 동등하다는 것을 알기 때문입니다. 신앙, 사랑, 자연은 어떤 면에서 모든 윗사람을 존경해야 하는 곳으로 우리를 인도합니다. 그들은 부모로서 우리보다 우월하기 때문입니다. 이것은 모든 윗사람이 아버지와 어머니라고 불리는 이 명령의 구절에 나타납니다. 같은 논리로 모든 아랫사람은 우리에게 아들처럼 존경받아야 합니다. 그리고 그들은 모두 형제나 자매로서 동등합니다.
3) 이러한 영예는 모든 종류의 사랑과 상호 의무를 발전시키는 데 많은 도움이 되기 때문입니다. 그들이 자신과 그들이 하는 일이 지속된다는 것을 알 때 더 기꺼이 그들의 의무를 수행하기 때문입니다.

야만적이고 교만한 사람들을 존경할 가치가 있다고 생각하는 사람은 거의 없습니다. 여기에서 명령된 명예는 우리 마음에 뿌리를 내리고 건전한 열매를 맺어야 합니다.

교리 2 우리보다 우월한 성격과 자질에 따라 윗사람에게 특별한 영예를 주어야 합니다.

모든 사람에게 마땅히 보여야 할 일반적인 공경의 의무 중에서 특별히 공경해야 할 아버지와 어머니의 이름에 이 영예가 담겨 있습니다.

1) 공의는 모든 사람이 마땅히 받아야 할 것을 요구합니다. 상급자는 특별한 존경과 영예, 존중해야 할 특별한 가치와 탁월함을 가지고 있습니다.
2) 신앙은 우리에게 모든 위엄의 탁월함에 나타나는 하나님 형상의 특별한 방식을 인정하라고 명령합니다. 윗사람들에 대한 모든 존경을 경건이라고 부르는 이유가 이것입니다. 그것이 하나님께 합당한 경건과 경배를 드리는 것과 어떤 면에서 비슷하기 때문입니다.
3) 자선과 감사는 우리에게 같은 것을 하도록 설득합니다. 어떤 좋은 것이 단지 질서에서 비롯된 것일지라도 일반적으로 윗사람에게서 아랫사람으로 내려오는 것과 같습니다. 그러므로 그들에게서 특별한 선을 받지 못했더라도 그들에게 특별한 종류의 영예를 주어야 합니다.
4) 자연은 인류 사회에서도 마땅히 공경을 받아야 할 사람을 공경하라고 가르치기 때문입니다.

윗사람에 대한 존경심을 없애는 야만적이고 무례한 태도를 주의하십시오. 우리는 국가의 아버지, 우리 육신의 아버지, 그리스도 안에 있는 아버지 등과 같이 권위나 권력이 더 높은 이들에게 항상 경의를 표해야 합니다.

교리 3 상급자는 하급자에게 위치에 맞는 명예를 주어야 합니다.

아버지와 어머니는 모든 윗사람을 대표합니다. 그러므로 아내는 남편에게 순종하라고 말씀합니다.

1) 이것은 모든 사람이 다른 사람에게 자신의 의무를 다해야 하는 일반적이고 보편적인 정의이기 때문입니다.
2) 모든 경건한 사람은 겸손으로 향하기 때문에 열등한 사람들에게도 자신을 낮춥니다. 자신의 지위나 우월성에 집착하기보다는 그들을 높여 줍니다.
3) 상위에서 하위로 내려오는 존경은 하위에서 상위로 올라가는 것보다 훨씬 더 중요하기 때문입니다.

상급자는 하급자 앞에서 하나님을 닮은 모습을 품위 있게 지켜야 합니다. 올바른 방법과 좋은 본보기로 그들보다 앞서가야 합니다. 자신이 가진 모든 지혜와 권위와 능력을 사용하여 그들 아래 있는 사람들이 유익을 얻도록 해야 합니다.

교리 4 서로를 존중하는 것은 이 세상에서 우리의 삶을 연장하고 더 즐겁게 하는 데 많은 도움이 되며, 영생에 대한 희망을 키워줍니다.

이것은 계명에 수반되는 약속에서 분명하게 나타납니다.

1) 인간 사회의 구조는 각자의 생명과 생계를 직접적으로 보호하기 때문입니다.

2) 우리에게 생명을 준 부모에게 범한 죄는 그 생명과 위로를 상실하는 것으로 가장 합당한 벌을 받기 때문입니다.

우리는 이 모든 의무를 수행하기 위해 전반적으로 관심을 기울여야 합니다.

39번째 주일

제6계명에서 명령하는 것은 무엇입니까?

출애굽기 20장 13절
살인하지 말라.

십계명의 이 여섯 번째 명령에서 모세는 사람의 인격과 생명에 대해 말합니다. 이것이 바로 이 명령이 다음 두 명령보다 먼저 나오는 이유입니다. 그 사람에게 속한 것보다 그 사람과 생명 자체가 더 중요하기 때문입니다. 앞선 계명은 긍정적으로 제안되었지만, 이 명령은 부정적으로 제안되었습니다. 제5계명은 마땅히 받아야 할 사람들에게 명예를 드리라는 것이었으며, 제6계명은 이웃을 상해하거나 비난하지 말라는 것입니다. 이 명령에서 말하는 생명은 육체적인 생명인 동시에 영적인 생명입니다.

교리 1 하나님과 그의 법에 대한 양심에 따라 우리는 이웃의 육체적 생명을 해치는 모든 것을 삼가야 합니다.

이는 이 명령의 말씀에서 나타난 것입니다. 살인이나 살생의 금지는 그 모든 원인과 결과 또한 금지된 것이기 때문입니다.

1) 인간은 하나님의 형상대로 만들어졌기 때문에 인격이나 생명에 부당한 폭력을 가하는 것은 하나님의 명예를 거스르는 것입니다(창 9:6).

2) 하나님만이 우리 영의 아버지시며 우리 생명의 주인이시기 때문입니다. 부당하게 그의 형제의 생명을 해치는 사람은 하나님께 해를 끼치는 것이며, 오직 하나님께만 속해 있는 권세를 자기 자신의 것으로 주장하는 것입니다.

3) 이생에서 사람에게 행할 수 있는 가장 큰 잘못은 다른 모든 피해가 포함된 생명을 박탈하는 것이기 때문입니다.

우리는 이 피해의 절정인 피를 흘리게 하는 일을 하지 말아야 할 뿐만 아니라 사람의 생명을 해하는 모든 잔인한 말과 행동을 하지 말아야 합니다. 또 그의 삶의 안락과 편리함을 빼앗지 않도록 해야 합니다.

분노로 사람을 부당하게 대하고 이웃을 자극하여 해하는 모든 내적인 성향과 자기애로부터 벗어나 이성과 양심으로 우리 자신을 지켜야 합니다. 증오는 마음에 뿌리박히고 강화된 격렬한 분노입니다. 이로 인해 사람들은 자신이 미워하는 사람에게 끊임없이 큰 악을 행합니다. 악의 정서로부터 상처를 주는 행위가 나오며, 악을 악으로 갚는 복수심은 그 자체가 악입니다. 복수에 대한 욕망은 결코 합법적일 수 없습니다.

교리 2 무엇보다도 형제의 영혼의 생명을 해치는 일들로부터 우리 자신을 지켜야 합니다.

사람의 영혼의 생명을 해치는 일은 가장 치명적으로 사람을 죽이는 일이기 때문입니다. 성경은 신체적 살인을 금지한 것과 동일하게 이것을 우리에게 훈계합니다. 그러나 신체적 살인과 영적 살인 사이에는 차이가 있습니다. 사람은 폭력에 의해 육체적으로 죽임을 당할 수 있지만,

아무도 단순한 힘에 의해 영적으로 죽임을 당하거나 살해될 수는 없습니다.

1) 사람의 영의 생명은 육신의 생명보다 훨씬 더 귀한 소유물이기 때문입니다.
2) 이생의 상처는 그의 영원한 상태의 상처이기 때문입니다.
3) 영의 생명을 박탈하면 육체적 삶의 모든 진정한 안락함도 박탈당하기 때문입니다.
4) 영의 생명을 상하게 하는 것은 이 생명을 상하게 하는 자의 죄일 뿐 아니라 하나님의 영광을 직접적으로 훼손하는 것이기 때문입니다.

영혼의 생명을 해칠 수 있는 모든 일에 세심한 주의를 기울이며, 양심으로 자신을 지키십시오. 이단자에 의해서 영적 생명이 빼앗기지 않도록 조심해야 합니다.

교리 3 육체적으로든 영적으로든 이웃의 생명을 해치는 모든 일을 삼가는 것은 우리의 의무입니다.

더 나아가 이웃의 삶이 발전되고 편안해질 수 있도록 신중하게 일해야 합니다. 그러므로 어떤 부정형의 명령도 완전히 부정의 명령이 아닙니다. 금지된 죄는 그 죄와 반대되는 의무를 항상 포함하고 명령하는 것임을 알아야 합니다.

1) 아담의 모든 후손은 하나의 같은 혈통에서 나왔기 때문에 육신의 생명

의 친교가 아담의 모든 후손 사이에 있기 때문입니다.
2) 신앙은 사람들 사이에 일종의 사회, 말하자면 영적인 도시나 국가를 세우기 때문에 모든 사람이 공동선을 획득하고 그것을 최대한 발전시켜야 합니다.
3) 하나님은 그러한 직무를 통해 영광을 받으시고 우리에게 주어진 권세와 기회에 따라 특별한 방식으로 이 직무를 수행하도록 우리를 부르시고 허락하셨기 때문입니다.

우리는 우리 이웃의 생명을 소중히 여길 수 있는 모든 종류의 의무를 수행해야 합니다. 평화와 사랑을 위해 수고하고 때로 인내하며, 이웃 간의 예의를 지키고 자비를 베풀며, 때에 따라 교훈과 권면과 훈계와 위로의 영적 구제를 해야 합니다. 생명과 건강을 해치는 술과 과식을 피하고 육체와 영혼 모두에 해를 끼치는 음행과 더러움을 피해야 합니다.

40번째 주일

제7계명에서 명령하는 것은 무엇입니까?

출애굽기 20장 14절
간음하지 말라.

이 일곱째 계명에서는 인간의 생명을 낳고 번식하는 일에 속한 의무를 다룹니다. 이 계명은 생명 보존에 속한 의무, 특히 사람의 생명 유지를 돌보는 제6계명에 포함되는 것입니다. 그러나 이 계명은 일반적으로 모든 사람을 돌보기 위해 하나의 특별한 불결함과 부정직을 금지합니다.

교리 1 하나님을 향한 양심에 따라 우리는 모든 더러움과 추악함에서 자신을 지켜야 합니다.

1) 이런 종류의 죄는 인류에 혼란을 가져오기 때문입니다. 이것은 사람의 생명을 번식시키는 일에 속하지만, 인류를 타락시키는 경향이 있는 죄입니다.

2) 그러한 죄로 인해 사람의 몸에 일종의 내적 부정이 뒤따르기 때문입니다. 이것이 고린도전서 6장 18절에서 사도가 이 죄를 다른 죄와 구별하는 이유입니다. 이 죄는 몸 자체에 있으며 몸에 대항하는 것입니다. 술 취함, 과식 등과 같은 것은 몸을 거스르는 것이지만, 이 죄는 몸에

서 내적으로 발생하고 몸에 직접적으로 영향을 미칩니다(살전 4:4).
3) 이러한 종류의 죄에서 우리 자신의 몸을 욕되게 하는 것이 따라오기 때문입니다.
4) 거룩함은 이 더러움에 반대되는 몸의 영예와 결합되어 있기 때문입니다. 이러한 불순물은 특별한 방법으로 내적 거룩함을 거스릅니다. 고린도전서에서는 우리의 몸이 성령의 전이며 그리스도의 지체라고 말하는데, 이러한 결점으로 인해 그들은 창녀의 지체가 되기 때문입니다(고전 6:13-20).

깨끗한 양심으로 그러한 모든 부정함을 피하십시오. 인간 본성의 타락은 이런 종류의 죄에서 가장 자주 나타나기 때문에 우리는 이것을 더욱 염두에 두어야 합니다. 이 죄는 마침내 사람의 모든 것을 삼켜버릴 만큼 매우 강한 폭력성을 지니고 있습니다. 육신의 정욕이라고 일컫는 그 정욕에 우리가 굴복하지 않고 그 애착과 성향에 복종하지 않도록 자신을 지켜야 합니다.

우리 자신이나 다른 사람에게 그러한 정욕을 품게 하고 발전시키게 하는 모든 행동과 대화를 피해야 하며, 음란한 일을 즐기거나 그것에 사로잡히게 하는 생각들을 차단해야 합니다. 의복과 행동을 단정히 하고 방탕함을 피하며, 더럽고 불결한 대화를 거부해야 합니다. 음란한 무대나 연극, 노래, 그림, 물건 등과 불결한 무리를 피하며, 게으름, 술 취함, 폭식 등 정욕을 불러일으키는 모든 경우를 멀리해야 합니다. 무엇보다도 음행, 간음 등의 음란한 행위 그 자체를 피해야 합니다.

교리 2 이 명령에 따라 출산에 속하는 영혼과 몸의 모든 깨끗함을 추구해야 합니다.

이것은 십계명에서 잘못을 금지하는 명령에 동일하게 포함된 명령입니다.

1) 이 깨끗함은 우리의 내적 성결의 일부이기 때문입니다.
2) 이 부분에서 우리 성화의 특별한 존귀함이 일어나기 때문입니다(살전 4:4). 또 우리의 몸은 육신의 비열한 애정을 충족시키기 위한 노역자가 되지 않고 더 고상한 용도로 사용됩니다.
3) 이 순결은 우리가 마땅히 하나님을 경배하기에 합당하며, 필요하기 때문입니다. 육신의 더러움이 만연하여 지배하는 곳은 우리 마음을 짓누르고 부담을 주어 영적인 생각과 감정에 이르지 못하게 할 뿐만 아니라 우리가 구하고 추구하는 생각과 노력마저 오염시킵니다.

우리는 이러한 것들에 탐닉하거나 우리의 부패한 본성의 성향을 허용하지 않아야 합니다. 어떤 이들은 짐승 같은 저속한 부류의 악한 행실과 모범에 이끌리는 것을 허용합니다. 그러나 우리는 어떻게 하면 이러한 육체의 정욕과 죄로부터 자신을 깨끗하게 지킬 수 있을지 항상 생각해야 합니다. 이 깨끗함은 겸허함과 육체의 즐거움을 절제하는 것으로 유지할 수 있습니다. 순결은 독신 생활의 순결과 결혼 생활의 순결로 나뉘며, 결혼은 인간의 세대에서 이 깨끗함과 순결을 유지하기 위한 수단으로 하나님에 의해 지정되었습니다. 그러므로 우리는 순결해야 합니다.

41번째 주일

제8계명에서 명령하는 것은 무엇입니까?

출애굽기 20장 15절
도둑질하지 말라.

이 여덟째 계명에서 사람의 소유물은 그들의 외적 재화와 상품이라는 이름 아래 있는 것입니다. 하나님은 율법으로 우리 생명의 안전과 순결과 명예뿐 아니라 우리의 소유물과 외적 재물도 마련해 주셨습니다. 이는 하나님이 우리를 얼마나 세심하게 돌보시는지를 보여줍니다. 하나님은 또한 이로써 우리가 이 모든 것을 하나님께 맡길 수 있는지 우리를 훈련하고 훈계하십니다. 하나님은 외적인 법에 따라 이러한 사소한 문제에서 우리를 보호하기를 원하셨습니다.

이 계명은 각 사람의 소유물에 대한 권리를 전제하고 있습니다. 그러므로 "이것이 내 것이요, 저것이 네 것이다"라고 말하는 것은 합당한 것입니다. 비록 창조의 시초에는 모든 것이 공통된 방식으로 있었지만, 그 후에 합법적인 소유에 의해 사물의 분할이 뒤따랐습니다. 이 구분을 부당하게 깨뜨리는 것은 그 구분을 이루거나 초래하는 모든 것과 함께 이 계명에서 정죄됩니다. 마치 잔치에서 주인이 어떤 음식을 공동으로 차리면 그것은 저 손님이나 이 손님 것이 아니지만, 주인이 어떤 손님에게 그의 것으로 제공했다면, 그 사람의 소유인 것과 같습니다.

다른 사람의 것을 빼앗는 일은 무례하고 폭력적인 일입니다. 다른 사람의 것을 억지로 빼앗는 것은 절도입니다. 절도는 이런 종류의 죄 중 가장 심각하고 명백한 죄이기 때문에 절도만이 금지되어 있습니다. 절도에서는 모든 사람이 자신의 소유에 대해 가진 권리의 침해가 명백하기 때문이며, 불의와 잘못이 명백하기 때문입니다.

교리 1 우리는 하나님 앞에서 양심을 벗어나 이웃의 소유물이나 재물에 부당하게 해를 입히지 않도록 자신을 지켜야 합니다.

1) 이웃의 소유에 해를 입히는 것은 하나님 앞에 죄를 짓는 것이기 때문입니다. 절도죄는 하나님이 그 사람에게 최선의 것으로 분배하신 그의 통치를 멸시하는 것입니다. 그것은 하나님의 주권을 침범하는 죄입니다.
2) 이웃에게 속한 소유물을 강제로 빼앗을 때 우리는 우리 이웃에게 중대하고 명백하게 해를 끼치기 때문입니다.
3) 이런 일들로 사랑이 직접적으로 파괴되기 때문입니다. 우리가 이웃을 위해 베풀고 나누어야 하는 선 대신에 그에게서 소유물을 빼앗는 악을 행하는 것이기 때문입니다.
4) 그러한 죄에는 다툼과 미움과 사회의 혼란이 따르기 때문입니다.

우리는 일반적으로 도둑질이라고 불리는 죄를 피해야 할 뿐만 아니라 도둑질과 연관된 모든 죄도 피해야 합니다. 재물에 대한 지나친 사랑 혹은 이웃에게 손해를 끼치면서 자신의 이익을 얻으려는 욕망은 이 죄에 해당합니다. 상업에서의 모든 불의도 도둑질하는 죄이며, 타인의 것을 주인의 동의 없이 자기를 위해 사용하거나 독차지하는 행위도 이 죄에 해당합니다.

교리 2 우리는 도둑질을 삼가야 할 뿐 아니라 이웃의 유익을 구하고 나아가 그의 외적인 유익을 구해야 합니다.

우리에게는 도둑질에 반대되는 명령과 의무가 있습니다.

1) 이렇게 함으로써 우리는 하나님의 은혜와 선한 섭리의 도구가 되기 때문입니다.
2) 이웃에 대한 사랑의 실천이기 때문입니다.
3) 같은 사회의 구성원으로서 그것은 우리가 행해야 할 정의에 속하기 때문입니다. 모든 사람은 할 수 있는 한 다른 사람에게 그러한 의무를 행하고 받을 권리가 있습니다.
4) 우리 주님은 우리에게 이러한 친교의 방법을 사용하여 친구를 사귀고 좋은 모범을 통해 다른 사람들의 유익을 구하며, 더 나아가 구원으로 가는 길에서 그들의 선한 소망과 기도로 우리 자신을 더 발전시키라고 권고하시기 때문입니다.

우리는 이 인류의 의무에 따라 우리에게 있는 권한으로 다른 사람의 이익을 증진하도록 모든 노력을 기울여야 합니다. 정직한 수단과 정당한 권리에 의한 것이 아니라면, 자신을 위해 그것을 취해서는 안 됩니다. 부적절한 방법으로 구입하거나 취득한 것은 항상 타인에게 그릇된 영향을 끼치기 쉽습니다. 모든 사람은 합법적이고 적합하며 다른 사람에게 유익하고 정직한 생활방식을 취해야 합니다. 무질서하거나 구걸하는 생활을 하는 자는 책망받아야 합니다.

성경에 나온 어리석은 부자와 같이 헛간을 가득히 채우고 그것으로 영혼의 만족을 삼는 자는 멸망할 것입니다. 부지런함은 우리의 부르심에 사용되어야 합니다. 부지런함이 없이는 우리가 가진 것을 보존할 수 없으며, 더욱이 우리가 가진 것을 아끼고 늘려서 다른 사람들의 공동선을 위해 사용할 수 없습니다. 다른 사람들을 돕고 새롭게 하는 샘의 물

줄기가 마르지 않도록 우리 자신을 위한 지출에 검소해야 합니다. 다른 사람, 특히 불쌍히 여겨야 할 사람에게 우리의 소유를 전달할 때는 관대함과 자비를 베풀어야 합니다. 자선에서 우리는 자신의 것을 정당하게 취하여 다른 사람에게 아낌없이 나누어 주어야 합니다.

42번째 주일

제9계명에서 명령하는 것은 무엇입니까?

출애굽기 20장 16절
네 이웃에 대하여 거짓 증거하지 말라.

이 계명은 사람에 대한 믿음이나 신뢰를 얻기 위해 이웃에게 증언하는 문제를 다룹니다. 이것은 우리 이웃과의 관계에 속한 문제입니다. 이 증언의 진실성 여부에 따라 그에게 유익을 줄 수도 있고 해를 끼칠 수도 있기 때문입니다. 그러므로 하나님은 이 계명에서 우리가 이웃의 명예나 생명이나 순결이나 재산을 해치지 말아야 할 뿐만 아니라, 말로든 증언으로든 이웃에게 해를 입혀서는 안 된다고 말씀하십니다. 여기에서 금지된 일반적인 죄를 거짓 증언이라고 합니다.

교리 1 모든 거짓말은 어떤 구실이 있더라도 그것이 거짓을 증언하는 것이기에 죄입니다.

1) 그것은 타락한 인간의 본성에 따라 우리 이웃에 대한 해를 포함하고 있기 때문입니다.
2) 거짓 증인에게는 비열함과 부정직함과 무질서가 있기 때문에 그의 말은 그의 마음과 완전히 일치하지 않는 거짓말입니다.
3) 거짓말로 인해 발생하는 피해는 매우 슬프고 무겁기 때문입니다. 이

러한 거짓말 때문에 인간 사회의 관계와 기초가 흔들립니다. 거짓말로 죄를 짓는 것은 그의 신앙에 죄를 짓는 것과 마찬가지입니다. 더욱이 이 계명을 어기면 앞서 말한 계명들도 어떤 식으로든 어기는 것이 될 수 있습니다.

4) 그들은 마귀의 본성을 따라 거짓을 말하기 때문입니다(요 8:44).

하나님을 향한 양심에 따라 우리는 악의의 거짓말이든 선의의 거짓말이든 모든 거짓말을 멀리해야 합니다. 비방, 아첨도 마찬가지입니다. 거짓말이 많을수록 그의 죄는 더 큽니다. 거짓으로 말미암아 다른 사람이 받는 위험이 클수록 그 죄가 더 무겁기 때문입니다. 우리가 진리를 따라야 하는 의무가 얼마나 더 큰가에 따라 죄는 그만큼 더해집니다. 거짓말을 하지 않으려면, 거짓말에 길을 열어 주는 행동들을 삼가야 합니다. 경솔한 의심을 한다거나 너무 쉽게 믿고 거짓에 현혹되는 것과 같은 행동입니다. 우리는 항상 참과 거짓을 구별해야 합니다.

교리 2 우리는 진리를 사랑해야 하며, 기회가 되는 대로 진리를 더욱 발전시켜야 합니다.

이것은 계명의 말씀에서 온 것입니다. 진리를 사랑하는 것에서 진리를 증언하는 진실성이 나옵니다. 따라서 거짓 증언은 정죄되어야 할 죄입니다.

1) 우리가 보여야 할 것은 하나님 형상의 가장 작은 부분이 아니기 때문입니다. 하나님은 진리의 하나님이시며 성경에 그렇게 언급됩니다(시

31:5). 그의 말씀은 진리의 말씀, 또는 진리 그 자체로 불립니다. 그러므로 진리는 하나님의 본성과 온전하심과 유일하게 일치합니다. 하나님은 대의를 위해서도 거짓말하는 것을 절대적으로 금하셨습니다.

2) 자연의 빛에서 볼 때, 진리를 사랑하고 진리에 굳게 서며, 진리를 수호하고 증진하는 일에 변함없는 사람은 특별한 영예입니다.

3) 이것은 모든 사회관계와 대화의 기초입니다. 이것을 빼앗기면, 인간은 더 이상 인간이 아니라 동물과 다를 바 없습니다.

4) 진리를 사용하고 사랑함으로써 우리의 마음은 우리의 구원으로 인도하는 진리를 더 잘 받아들일 준비가 되어 있습니다.

우리가 참된 것을 모두 알거나 말할 수는 없지만, 우리는 항상 진리를 증언해야 하며, 하나님에 대한 양심과 신앙에 있어서 진리를 확고히 해야 할 의무가 있습니다.

43번째 주일

제10계명에서 명령하는 것은 무엇입니까?

출애굽기 20장 17절
네 이웃의 집을 탐내지 말라 네 이웃의 아내나 그의 남종이나 그의 여종이나 그의 소나 그의 나귀나 무릇 네 이웃의 소유를 탐내지 말라.

두 번째 서판의 마지막 계명인 이 계명에서는 이웃의 재산과 상태를 공동으로 다룹니다. 우리 이웃과 관련된 모든 의무가 다루어지는 것입니다. 특히 이웃의 상태에 대한 탐욕이 금지됩니다. 이 탐욕을 합법적인 탐심이나 자연적인 욕망으로 이해해서는 안 됩니다. 더러운 정욕의 행위는 기회가 주어질 때 죄의 행위를 성취하려는 의지로부터 나옵니다. 그리스도는 남자가 여자에게 지나친 정욕을 품는 것을 간음이라고 하시며 금지하셨습니다. 원시적인 의를 온 율법에 걸쳐 우리에게 명령하셨듯이, 이와 반대되는 원죄, 정욕, 또는 악에 대한 성향은 율법 전체에서 금지되어 있습니다.

교리 1 부적절한 욕망에 노출되어 나오는 행동들은 피해야 할 죄로 간주해야 합니다.

이것은 계명의 말씀에서 나온 것입니다. 우리 이웃의 것을 탐하는 것은 명백히 정죄되었기 때문입니다.

1) 이런 행동은 하나님 형상의 온전함에 어긋나기 때문입니다.

2) 이런 행동은 우리가 온 마음을 다해 하나님을 사랑하고 이웃을 우리 자신과 같이 사랑해야 하는 인애와 어긋나기 때문입니다.
3) 이런 행동에는 악에 대한 동의와 시작이 있기 때문입니다.

이러한 마음의 움직임을 죄로 여기지 않는 교황주의자들은 비판받아야 합니다. 이들은 죄의 영적인 깊이를 인정하지 않습니다. 그리고 같은 방법으로 회개의 능력을 제거합니다. 따라서 우리는 부지런히 우리의 마음을 지켜야 합니다. 그 이유는 우리 안에 죄성이 있고 더 무거운 죄를 조장하는 경향이 있기 때문입니다. 그것들은 우리의 마음을 더럽히며, 거룩한 행동을 행사하고 보존하는 데 적합하지 않게 합니다.

교리 2 모든 사람은 하나님께서 우리에게 정해주신 분깃과 상태에 만족해야 합니다.

우리 자신에 만족하게 되면, 다른 사람의 것을 탐하지 않게 되기 때문입니다.

1) 무엇이 우리에게 좋은지 가장 잘 아시는 아버지의 선하신 섭리와 하나님의 경륜 안에서 안식해야 하기 때문입니다.
2) 이 만족은 우리 마음의 고요함과 삶의 행복에 많은 영향을 미치기 때문입니다.
3) 이 자족의 결핍은 세상과 자기 자신을 지나치게 사랑하게 만듭니다. 그것은 자신에 대한 비뚤어진 애정에서 비롯되기 때문입니다.

오직 세상적인 것을 얻는 방법만 생각하는 자들은 책망을 받아야 합니다. 참된 경건의 동반자인 자족함을 얻기 위해서는 우리가 이 세상에 아무것도 가지고 온 것이 없으며, 아무것도 가지고 갈 수 없다는 것을 기억해야 합니다. 먹을 것과 입을 것이 있다는 사실에 감사하며 그것으로 만족해야 합니다.

교리 3 우리는 우리 자신뿐 아니라 이웃의 유익도 바라야 합니다.

이 계명에는 우리 이웃의 것을 탐내는 것이 금지되어 있습니다. 그러므로 우리는 자신의 것을 소유하고 즐길 수 있어야 합니다. 하나님은 하나님에 대한 사랑을 제1계명에 명령하신 것처럼, 이웃을 우리 자신과 같이 사랑하라는 것을 마지막 계명으로 명령하셨습니다.

1) 이웃에 대한 사랑은 하나님을 사랑하는 것에서 나오기 때문입니다.
2) 다른 사람의 유익을 바라는 것이 완전한 이웃 사랑이기 때문입니다.
3) 다른 사람에게 좋은 것을 바라는 것은 우리 자신에게 좋은 일을 바라는 것과 마찬가지로 우리 자신의 구원을 더욱 촉진하기 때문입니다.

하나님을 사랑하라는 계명과 마찬가지로 이 계명도 이생에서 완벽하게 지킬 수 있는 사람은 아무도 없습니다. 그러나 진실한 신자는 하나님을 진심으로 예배하고 그의 모든 계명을 지키기를 원하며, 완전한 순종을 갈망합니다. 우리가 율법을 온전히 지킬 수는 없지만, 율법은 이 목적을 위해 우리에게 헛되이 제안된 것이 아닙니다.

이것으로부터 우리는 죄에서 해방되고 우리의 의무를 수행하도록 새롭게 되는 것입니다. 또한 우리에게 주어진 목표를 분명하게 설정하고 그것을 이루기 위해 노력할 수 있습니다.

4부

주기도문

44번째 주일

신자는 어떻게 기도해야 합니까?

에베소서 6장 18절
모든 기도와 간구를 하되 항상 성령 안에서 기도하고 이를 위하여 깨어 구하기를 항상 힘쓰며 여러 성도를 위하여 구하라.

사도는 모든 그리스도인이 갖추어야 할 영적 갑주를 설명하고 나서 기도의 권면을 덧붙입니다. 기도로 이 영적 갑주는 더욱 강화되고 확실해집니다. 기도의 권고에는 기도의 의무와 같은 몇 가지 사항이 설명되어 있습니다. 이 의무는 다음과 같이 선포됩니다.
첫째, 모든 기도와 간구를 하라. 둘째, 항상 하라. 셋째, 우리 자신뿐만 아니라 모든 성도를 위해서 하라. 넷째, 성령 안에서 하라. 다섯째, 깨어 있고 인내하라.

교리 1 기도는 우리가 주의하여 행해야 할 주요 의무 중 하나입니다.

사도는 조심스럽게 기도를 촉구합니다.

1) 기도는 하나님께 큰 영광을 돌리는 것이며, 우리의 모든 기도에서 하나님은 모든 선의 원천이시기 때문입니다.
2) 인간은 하나님께 최대의 복종과 경의를 표해야 합니다. 하나님은 모든 것을 은혜와 선물로 거저 주시기 때문입니다. 우리가 기도할 때 우리 영혼과 양심은 하나님의 발 앞에 엎드리는 것입니다.

3) 기도로 하나님의 모든 신령한 은사를 받기 때문입니다.
4) 기도는 우리에게 주신 하나님의 모든 선물을 거룩하게 해주기 때문입니다.
5) 우리는 기도로 하나님께 나아가서 그분 안에서 모든 악으로부터 안전할 수 있기 때문입니다.
6) 기도할 때 우리는 하나님과 가장 감미로운 교제를 나누며, 그분의 은혜를 누리기 때문입니다.
7) 기도할 때 우리는 명시적이든 묵시적이든 우리 자신을 하나님께 바칩니다. 따라서 기도 후에 우리는 전보다 더 하나님께 의무감과 결속력을 가지게 됩니다. 모든 기도에는 우리의 기도와 간구를 들어주신 것에 대한 감사와 약속이 수반되기 때문입니다.

개인적으로든 공동체로든 우리는 이 거룩한 기도의 실천에 점점 더 자신을 바쳐야 합니다. 다음의 사항을 기억할 때 우리는 더욱 기도의 도전을 받습니다. 거룩한 기도는 하나님께서 매우 기쁘게 받으시기 때문에 성경에서는 향, 또는 희생이라고 합니다. 성경에서 경건한 사람들과 하나님의 이름을 부르는 자들은 동일하게 여겨집니다. 기도는 믿는 사람의 마음에 거하는 성령의 열매와 분리할 수 없기 때문에 이것을 성령의 역사라고 부르는 것입니다.

육체의 생명이 호흡에 있는 것처럼 기도는 영적 생명에 있어서 호흡과 같습니다. 기도를 통해 모든 종류의 유혹을 가장 잘 물리칠 수 있기 때문에 우리는 기도로 마귀를 대적하고 유혹에 빠지지 않게 해야 합니다. 그러므로 기도하고 깨어 있으라고 말씀하는 것입니다.

교리 2 우리는 온갖 종류의 기도에 힘써야 합니다.

사도는 우리에게 모든 기도와 간구와 감사를 하라고 권고합니다.

1) 우리에게 여러 가지 필요가 있을 뿐 아니라 기도의 의무를 지고 있는 다른 사람들의 필요와 상황에 대해서도 기도해야 하기 때문입니다.
2) 이 방법으로 하나의 은혜만이 아니라 하나님의 모든 은혜가 그 고유한 대상에 따라 우리 안에서 나타나고 행사되기 때문입니다.
3) 이로 말미암아 하나님께서 여러 가지로 우리를 통하여 영광을 받으시기 때문입니다.

같은 기도를 반복하는 것만으로 우리의 의무를 다할 수 있는 것처럼 한 가지 기도 형식에 안주해서는 안 됩니다. 때에 따라 다양한 기도 방식을 취해야 합니다.

교리 3 경건한 기도에서 성령은 특별한 능력을 행사하십니다.

1) 우리는 자신에 대해 무엇을 어떻게 기도해야 할지 모릅니다. 하나님의 말씀으로 기도에 대해 배웠다고 해도 실행 자체를 위해서는 성령의 특별한 지시가 필요합니다.
2) 우리의 약점이 너무 많아서 기도를 실천하려면, 성령의 도움을 받아야 하기 때문입니다.
3) 어떤 기도도 성령으로 나오지 않고서는 하나님께 열납되는 거룩한 기도가 될 수 없기 때문입니다.

우리는 기도할 때 자신의 지혜나 힘을 신뢰하지 말고 항상 성령의 은혜와 도우심을 의지해야 합니다.

교리 4 어떤 방법으로든 우리는 항상 기도해야 합니다.

1) 항상 기도하는 마음, 즉 기도하고자 하는 마음이 있어야 합니다. 거기에 우리 마음의 올바른 태도와 질서가 있기 때문입니다.
2) 우리는 이 기도의 연습을 위해 모든 정당한 기회를 얻어야 하기 때문입니다.
3) 정해진 기도 시간을 소홀히 하면 안 되기 때문입니다.

기도의 훈련에서 너무 멀리 떨어져 있어서 하루 이틀만이 아니라 몇 주 동안 기도에 대한 진지한 생각 없이 지내는 사람들은 책망받아야 합니다.

교리 5 기도하는 방식도 기도 자체만큼 주의해야 합니다.

깨어서 기도하라는 명령은 기도하는 방식을 말하는 것이기 때문입니다. 깨어 기도하는 것은 어떤 면에서 기도에 관한 모든 것을 포함합니다. 우리는 기도하기 전에 깨어 있어야 합니다. 그것을 위해 우리 자신을 준비해야 합니다. 깨어 기도하지 못하게 하는 모든 방해물을 제거하고 우리 마음과 영의 적절한 성향을 얻도록 해야 합니다. 기도할 때 우리는 미지근함, 경외하지 않음, 방황하는 생각 등을 경계해야 합니다. 또 기도 후에는 건망증과 게으름을 경계해야 합니다. 참으로 우리는 부주의한 우리 자신에 대해 어떤 것도 기대해서는 안 됩니다.

1) 모든 도덕적 행동에서 행동 방식이 가장 중요하기 때문에 우리는 선을 행할 뿐만 아니라 잘 행해야 합니다.
2) 우리는 기도할 때 특별한 방법으로 하나님의 임재 안에 있기에 우리가 그분 앞에서 어떻게 행동하는가는 결코 작은 문제가 아닙니다.
3) 타락한 기도 방식은 때때로 우리 기도의 능력을 파괴할 뿐만 아니라 우리 자신의 유익을 위해 기도를 죄로 만들기 때문입니다.

우리는 믿음, 겸손, 열심 또는 열정, 불변성과 같은 올바른 방식으로 기도하기 위해 모든 것을 돌아보며 주의해야 합니다.

45번째 주일

주기도문의 서문은 무엇을 의미합니까?

마태복음 6장 9-13절
그러므로 너희는 이렇게 기도하라 하늘에 계신 우리 아버지여 이름이 거룩히 여김을 받으시오며 나라가 임하시오며 뜻이 하늘에서 이루어진 것 같이 땅에서도 이루어지이다 오늘 우리에게 일용할 양식을 주시옵고 우리가 우리에게 죄 지은 자를 사하여 준 것 같이 우리 죄를 사하여 주시옵고 우리를 시험에 들게 하지 마시옵고 다만 악에서 구하시옵소서 (나라와 권세와 영광이 아버지께 영원히 있사옵나이다 아멘).

이 기도는 그리스도께서 지시하신 것이므로 모든 그리스도인은 이것을 지혜이신 하나님 자신에게서 나온 것으로 알고 가장 귀하게 여겨야 합니다. 그리스도는 우리의 모든 필요를 잘 아셨고 우리를 향한 하나님의 뜻이 무엇인지도 가장 완벽하게 알고 계셨습니다. 그리고 이 기도는 우리가 사용해야 하는 모든 기도의 예와 패턴이 되도록 지시되었습니다. 이 단어의 틀과 형태에 얽매일 필요 없이 우리는 그것을 자유롭게 사용할 수 있습니다. 단어들과 형태가 사도들에 의해 직접적으로 사용된 기록은 없습니다. 오히려 사도들의 다른 다양한 기도가 사도행전과 사도들의 서신서에 언급되어 있습니다.
이 기도문은 앞부분의 서문과 그에 연결된 몇 가지 청원으로 구성되어 있습니다. 그 서문은 다음과 같습니다. "하늘에 계신 우리 아버지여"(9절). 여기에서 우리의 기도가 항상 향해야 할 하나님에 대한 특정한 묘사가 제안됩니다. 이 설명은 우리가 기도에서 적절하고 경건하게 그의 이름을 부를 때 가장 먼저 알고 생각해야 할 하나님의 완전성을 제시합니다. 우리를 향하신 하나님의 선하심을 확신하는 것보다 더 도움이 되는 것은 없기 때문입니다. 우리는 여기에서 하늘에서나 땅에서나 기뻐하시는 모든 일을 하실 수 있는 그분의 권능을 확신합니다. 그러므로 하나님의 선하심은 '우리 아버지'라는 이름으로 선포되며, 그분의 가장 큰 능력과 위엄은 하늘에 계신다는 말씀에 선포되어 있습니다.

교리 1 올바른 기도를 하기 위해서는 어느 정도 마음의 준비가 필요합니다.

우리는 우리의 마음을 준비하기 위해 그리스도께서 직접 만드신 서문을 사용하여 하나님 앞에서 더 직접적으로 기도할 수 있습니다.

1) 하나님의 위엄이 너무나 크시므로 우리는 그 앞에서 성급하게 대화로 들어갈 수 없습니다. 우리의 적합성과 상태를 전혀 고려하지 않고 부주의하게 기도하는 것은 하나님을 모욕하는 일입니다. 세상의 어떤 왕이나 위대한 사람에게 이렇게 행한다면, 그것은 큰 무례이며 지혜가 부족한 행동일 것입니다.
2) 우리의 연약함으로 인해, 우리의 마음이 신앙적인 묵상으로 강화되지 않는 한 하나님께 향할 수 없습니다.
3) 우리의 무가치함으로 인해, 하나님의 호의와 은혜와 그의 약속을 진지하게 묵상하지 않는 한 하나님께서 우리의 기도를 어떻게 들으시는지 생각하고 믿도록 우리의 마음을 고취할 수 없습니다.

우리가 어떤 태도와 자세로 기도해야 하는지 생각하지 않고 기도하는 것은 불법입니다. 우리는 우리의 생각과 마음을 하늘에 두고 기도해야 합니다.

교리 2 우리는 기도에서 오직 하나님만 찾고 불러야 합니다.

이것은 그리스도인의 기도에서 가장 완벽한 패턴입니다. 우리가 부를 수 있는 분은 오직 하늘에 계신 우리 아버지입니다.

1) 기도는 매우 신성한 예배이기 때문에 오직 예배받으실 하나님께 드려야 합니다.
2) 어떤 피조물도 우리의 입과 마음에서 나오는 기도를 다 알 수 없기 때문입니다.
3) 어떤 피조물도 언제 어디서나 항상 기도를 들을 수 있도록 존재할 수 없기 때문입니다.
4) 우리는 신앙의 대상이 아닌 자를 부를 수 없기 때문입니다(롬 10:14).

우리는 교황주의자들의 비뚤어진 미신을 반대해야 합니다.

교리 3 모든 기도에서 우리는 아버지께 하듯 확신으로 하나님께 나아가야 합니다.

1) 가장 내적이고 본질적인 기도는 충성과 신뢰의 행동이기 때문입니다. 우리는 하나님의 약속에 근거한 신뢰와 희망으로만 구해야 합니다.
2) 하나님께서 우리를 하나님의 자녀로 받으셨다는 것을 알 때 우리의 기도도 하나님이 받으신다는 것을 알 수 있기 때문입니다.
3) 우리는 하나님께 영광을 돌려야 하기 때문입니다. 그는 관대하신 아버지로서 우리가 구할 때 모든 좋은 것을 후히 주실 것입니다.

여기에서 우리는 "아직 양자의 영을 받지 않은 자들의 기도를 하나님이 받으시는가?"라는 질문을 할 수 있습니다. 아직 양자의 영을 받지 않은 자들(아직 회심하지 않은 자들)도 기도할 수 있습니다. 기도는 양자의 영을 받는 수단이 되기 때문입니다. 따라서 회심하지 않은 자들은 회심을 위해 기도하는 일을 중단해서는 안 됩니다. 기도 자체가 회심과 구원의 확신을 얻기 위한 가장 적합한 수단이기 때문입니다.

우리는 항상 그리스도 안에서 하나님을 부르며, 하나님은 그리스도 안에서만 우리를 양자로 삼아 우리의 아버지가 되십니다. 그리스도 안에서만 우리와 화목하시며, 우리의 기도를 받아주십니다.

교리 4 우리의 기도에는 하나님을 향한 신뢰와 형제를 향한 사랑이 항상 함께 있어야 합니다.

본문의 "우리 아버지여"에서 '우리'라는 단어에 이것이 분명하게 나타납니다. 신자가 기도할 때 하나님에 대한 특별한 확신을 나타내기 위해 이렇게 기도하는 것이 합당하고 적절하며 유익합니다. 오직 그리스도만이 그 말의 형식을 사용하실 수 있었고 실제로 사용하셨기 때문입니다. 우리는 명시적이든 묵시적이든 항상 하나님을 우리 자신과 다른 사람들의 공동 아버지로 불러야 합니다.

1) 하나님께서 모든 좋은 것을 예비하시고 약속하신 그 신비로운 몸의 지체가 되어 하나님을 부르는 것이 우리의 위로이기 때문입니다.
2) 이는 성도의 교제에 속하기 때문입니다.
3) 다른 사람에 대한 사랑은 우리 주님의 가르침에 따라 우리의 기도가 하나님께 받아들여지기 위해 특별히 우리에게 요구되는 성품이기 때문입니다.

미움과 복수심에 차서 급히 기도하는 자들은 책망받아야 합니다.

교리 5 하나님을 부를 때 먼저 하나님의 위엄과 능력이 우리 앞에 바르게 놓여야 합니다.

1) 하나님의 위엄이 우리 앞에 바르게 놓일 때, 우리는 모든 겸손과 하나님에 대한 두려운 경외심으로 기도할 수 있기 때문입니다.
2) 하나님의 위엄을 생각함으로 우리는 하늘의 것을 생각하고 하늘의 것을 구하기 때문입니다.
3) 하나님의 능력이 우리를 담대하게 기도할 수 있게 하기 때문입니다(롬 4:21).

우리는 마음의 눈을 들어 하나님의 위엄과 권능을 바라보고 생각함으로써 잡다한 생각과 유혹에 대항해야 합니다.

46번째 주일

주기도문의 첫째 간구는 무엇을 구하는 것입니까?

마태복음 6장 9절
그러므로 너희는 이렇게 기도하라 하늘에 계신 우리 아버지여 이름이 거룩히 여김을 받으시오며.

주기도문의 모든 청원은 매우 짧지만, 나름대로 가장 편리한 순서로 구해야 할 모든 것을 담고 있습니다. 앞의 네 가지 청원은 선(good)을 얻는 것과 관련이 있습니다. 뒤의 두 가지 청원은 악(evil)을 제거하는 것입니다. 전자에서 하나님의 영광에 가장 가까운 것이 첫 번째 자리를 차지합니다. 즉, 첫 번째 청원에서는 먼저 하나님의 영광 자체를 구하고 기도합니다. 우리는 하나님의 이름으로 하나님을 이해할 수 있고 하나님이 자신을 계시하신 만큼 그에게 속한 것들을 이해할 수 있습니다.

교리 1 하나님께 드리는 모든 기도에는 열심과 애정(affection)이 따라야 합니다.

이 모든 청원은 짧지만, 간결하고 포괄적입니다. 이로써 기도의 능력은 마음의 열정과 소망에 있으며, 많은 말과 공허한 반복이나 중언부언에 있는 것이 아님을 알 수 있습니다.

1) 우리는 마음의 풍성함을 고려해 그에 따라 입으로 기도해야 합니다.
2) 하나님은 우리에게 필요한 것을 아시기 때문에 인위적으로 길게 기도하거나 능숙하게 설명하는 것은 필요하지 않습니다. 마음에서 우러러 나오는 기도여야 합니다.

교황주의자들은 고의적으로 공공연하게 말장난과 같은 기도를 합니다. 이것은 그리스도께서 친히 정죄하신 것입니다. 그들은 기도의 형식은 사용하지만, 그 능력은 부인합니다.

교리 2 하나님의 이름의 영광에 관계되는 것을 첫째 자리에 두어야 하며, 가장 큰 애정을 가지고 추구해야 합니다.

1) 이것은 의도와 소망의 순서이기 때문입니다.
2) 가장 높은 가치는 다른 모든 것보다 우선되어야 하며, 하나님의 영광은 모든 것을 능가하는 무한한 탁월함과 가치가 있기 때문입니다.
3) 이것이 참되고 진실한 기도와 위선적이고 헛된 기도의 차이점이기 때문입니다. 위선자들은 그들 자신의 사적인 필요 때문에 하나님보다 자신을 먼저 구합니다. 그러나 경건한 사람들은 하나님에 대한 존경심을 먼저 올려드립니다. 이는 그분 자신이 규정하신 방식으로 하나님을 영화롭게 하는 것이기 때문입니다.

우리는 이 세상의 삶과 이익보다 하나님의 이름의 영광을 향한 열렬한 열망을 우리 자신 안에서 불러일으켜야 합니다.

교리 3 하나님의 이름을 거룩하게 하고 영화롭게 하려면, 하나님의 은혜를 받아야 합니다.

본문에서 하나님께 은혜를 구하고 기도하라고 하시기 때문입니다.

1) 하나님의 이름을 모르는 피조물은 하나님의 이름을 거룩하게 할 수 없습니다.
2) 우리가 하나님의 이름을 거룩하게 하기 위해서는 그의 의무들을 이행할 때 하나님의 영의 인도와 은혜가 필요합니다.
3) 하나님이 특별하게 역사하시는 방법 외에는 하나님의 이름을 거룩하게 할 수 없기 때문입니다.

이것으로 우리가 하나님께 수행하는 모든 의무는 하나님 자신의 선물이라는 것을 이해할 수 있습니다. 하나님께서 먼저 우리에게 값없이 주신 것이 아니면, 우리가 그의 이름을 거룩하게 하려고 해도 하나님께 드릴 것이 하나도 없기 때문입니다.

하나님은 우리가 그분과 맺는 모든 영적 교제에서 알파와 오메가, 즉 시작과 끝이 되십니다. 하나님은 먼저 우리의 죄를 용서하십니다. 그런 다음 그분이 보시기에 선하고 기쁜 것을 우리가 원하고 행할 수 있도록 은혜를 주십니다. 그리고 마지막으로 이 모든 은사와 은혜로 종국에는 우리에게 영광의 관을 씌우십니다.

교리 4 그의 이름이 거룩히 여김을 받고 영화롭게 되는 것을 보는 것은 하나님께서 우리에게 베푸시는 큰 유익입니다.

우리는 하나님의 이름이 거룩히 여김을 받는 것을 우리의 주된 소원과 유익으로 먼저 구해야 합니다.

1) 하나님의 이름이 거룩하게 되는 것은 항상 하나님의 자녀들의 유익과 덕을 세우기 때문입니다.
2) 하나님을 사랑하는 자는 하나님의 이름이 거룩히 여김을 받고 영화롭게 되는 것을 볼 때 지극히 큰 소원을 이루는 것이 되기 때문입니다.
3) 하나님은 종종 그분의 이름을 거룩하게 하고 영화롭게 하는 도구가 되는 영예를 우리에게 주시기 때문입니다. 이것은 큰 영예와 유익으로 인정되어야 합니다.

하나님의 이름을 영화롭게 하는 것보다 이 세상의 작은 이익을 더 많이 취하려는 자들의 비열한 마음은 책망받아야 합니다.

교리 5 하나님의 이름이 모독당하는 것은 우리의 가장 큰 슬픔이 되어야 합니다.

하나님의 이름이 모독당하는 것은 첫 번째 간구 및 모든 경건한 자의 가장 큰 소원과 반대되는 것입니다.

1) 하나님의 위엄이 우리에게 가장 귀한 것이기 때문입니다.
2) 그러한 죄를 범하는 사람들은 눈먼 사악함으로 인해 가장 비참한 자들이기 때문입니다.
3) 그들은 큰 물의를 일으키는 자들이기 때문입니다.

4) 이것으로 인해 하나님의 심판이 독특한 방식으로 유발되고 진행되기 때문입니다.

하나님의 이름이 모독당할 때 우리는 그 일에 대해 슬퍼할 뿐 아니라 할 수 있는 한 그것을 고쳐야 합니다. 그러나 만약 우리 자신이 그러한 죄를 저질렀다면, 우리는 그 죄에 대해 굴욕을 느끼고 회개하며 하나님을 영화롭게 하는 일을 더욱 열심히 해야 합니다.

47번째 주일

주기도문의 둘째 간구는 무엇을 구하는 것입니까?

마태복음 6장 10절
나라가 임하시오며.

주기도문의 두 번째 청원은 하나님의 이름이 사람들 가운데서 거룩히 여김을 받거나 영화롭게 되는 주요 수단을 다루고 있습니다. 그것은 하나님 나라와 그 도래를 구하는 것입니다. 하나님 나라는 교회가 하나님과의 교제에서 누리는 행복에 참여하는 상태를 의미합니다. 일반적인 개념에서 왕국은 일종의 정치 또는 공적 정부와 인간의 상태를 말합니다. 그 안에서 한 사람이 최고의 지휘권을 갖고 다른 모든 사람은 그들 자신의 이익을 위해 그에게 복종합니다.

백성이나 국민의 이익을 위하지 않는 나라는 올바른 왕이 다스리는 왕국이 아닙니다. 따라서 하나님 나라는 하나님이 주권 또는 최고의 권능과 명령을 가지고 계신 국가입니다. 사람들은 이 나라에서 바랄 수 있는 최고의 선 또는 영원하고 참된 행복을 누릴 수 있는 방식으로 복종합니다. 그러한 모든 수단은 하나님 나라로 이해되며, 교회는 그러한 상태를 획득합니다.

이 왕국에는 두 가지 주목할 만한 법령이 있습니다. 하나는 현재의 삶에 속한 행정과 관련하여 은혜의 왕국이라고 불립니다. 다른 하나는 다가올 삶에 속하며, 영광의 왕국이라고 불립니다.

교리 1 하나님의 이름을 거룩하게 하거나 영화롭게 하는 주요 수단은 그의 교회로 이루어진 하나님의 왕국입니다.

이것은 첫째 청원과 둘째 청원과의 연결에서 나타납니다.

1) 하나님의 이름, 즉 하나님의 가장 큰 완전하심이 그의 다른 어떤 일보다 이 왕국에서 더 많이 나타나기 때문입니다.
2) 이 완전한 하나님의 왕국은 하나님 자신에 가장 가깝기 때문입니다. 하나님 자신 외에는 그의 교회와 비교할 수 있는 것이 아무것도 없습니다. 어떤 면에서 다른 모든 것은 교회에 종속됩니다.
3) 이 왕국을 훼손하거나 상처를 내는 것, 또는 그것을 괴롭히고 변형시키는 것보다 더 하나님의 이름의 영광에 반대되는 것은 없기 때문입니다.

우리는 무엇보다도 먼저 하나님의 왕국을 구해야 합니다.

교리 2 이 왕국은 하나님이 아닌 다른 누구도 세우거나 가져올 수 없습니다.

하나님 나라의 도래는 그것의 창시자이고 주된 원인이며, 조달자이신 하나님에게서만 옵니다.

1) 이 왕국의 대적들은 어떤 피조물이 극복할 수 있는 것보다 더 많고 강력하기 때문입니다.
2) 이 왕국이 가져오는 것은 어떤 피조물이 줄 수 있는 것보다 훨씬 더 크

기 때문입니다.
3) 이 왕국의 행정은 어떤 최고의 피조물이 수행할 수 있는 것보다 더 영적이기 때문입니다.

이 왕국의 많은 부분을 하나님에게서 도적질하고 그것을 자연의 탓으로 돌리는 펠라기우스주의자들은 비판받아야 합니다. 그뿐 아니라 인간의 힘과 쾌락에 의존하며, 교회의 외부 정부를 가지려는 교황주의자들 역시 비판받아야 마땅합니다. 우리는 이 왕국을 구하면서 신실한 기도로 하나님께 나아가야 합니다.

교리 3 이 왕국은 우리에게서 왔지만, 부분적으로 왔습니다.

그러므로 이 왕국의 도래는 이생에서 모든 사람이 항상 추구해야 합니다.

1) 이생에는 흑암의 왕국에 속한 것이 항상 우리에게 달라붙어 있으므로 그것을 벗어버려야 하기 때문입니다.
2) 우리는 아직 온전히 빛의 나라에 속하지 않았기에 항상 빛의 나라에 속한 옷을 입어야 하기 때문입니다.
3) 그리스도께서 마지막으로 오셔서 완성하실 때까지 우리는 계속 일해야 하기 때문입니다.

마치 우리가 마지막 완성에 도달한 것처럼 휴식을 취하지 마십시오. 지금 우리가 도달한 것보다 더 완벽해지도록 노력하십시오.

교리 4 소망과 기도와 그 밖의 모든 합법적인 수단으로 우리의 부르심 안에서 하나님의 왕국을 발전시키기 위해 수고하는 것은 우리의 의무에 속합니다.

본문에서 기도로 그렇게 하라고 말씀하기 때문입니다. 우리는 하나님의 왕국을 위해 기도하며 모든 합법적인 수단을 사용해야 합니다.

1) 하나님의 집과 하나님 나라에 대한 열심(하나님의 나라와 그의 집은 모두 하나이기 때문에)이 우리의 마음을 사로잡아야 합니다. 그것이 하나님께 영광을 돌리는 것이기 때문입니다.
2) 거기에 우리의 구원이 달려 있기 때문입니다.
3) 이러한 진실한 수고는 절대 헛되지 않기 때문입니다. 비록 그 수고가 작을지라도 거기에는 하나님 나라의 진전이 있으며 하나님의 축복의 약속이 있기 때문입니다.

교회의 지위가 무엇이며 말씀이 어떻게 전파되는지, 또 성례전이나 권징은 어떻게 시행되는지 등에 전혀 관심이 없는 사람들은 책망받아야 합니다.

교리 5 우리는 심판의 날 이후에 있을 이 왕국의 완전한 완성을 소망해야 합니다.

지상의 신자들이 심판의 날까지 이 왕국을 위해 계속 기도하도록 가르침을 받았다는 점에서 이것은 분명합니다. 이는 이전 교리에서 말하고 있으므로 더 자세한 설명을 할 필요가 없습니다.

교리 6 마귀와 흑암과 적그리스도의 나라 등 하나님 나라와 반대되는 모든 것과 하나님의 원수를 마음을 다해 미워하고 힘을 다해 대적해야 합니다.

마귀는 하나님 나라의 진전을 반대하고 무너뜨리려는 계략을 가지고 계속해서 일하기 때문입니다.

48번째 주일

주기도문의 셋째 간구는 무엇을 구하는 것입니까?

마태복음 6장 10절
뜻이 하늘에서 이루어진 것 같이 땅에서도 이루어지이다.

이 청원에서는 하나님의 뜻이 성취되기를 구하며, 하늘에서와 같은 방식으로 성취되기를 구합니다. 이것은 유사한 것들의 비교로 설명됩니다. 즉, 인간과 천사들에 의한 하나님 뜻의 성취를 비교합니다. 이들이 비교되는 것은 순종의 방식입니다. 여기에서 하나님의 뜻은 하나님께서 우리의 의무에 관하여 우리에게 계시하신 것, 또는 그분의 계시된 뜻으로 우리에게 하라고 맡기신 것을 말합니다.

이 청원은 첫 번째 청원과 두 번째 청원에 의존되어 있는데, 이는 그것이 그 왕국과 행정의 결과이기 때문입니다. 그것은 또한 동일한 왕국의 완성과 성취입니다. 하나님은 완전한 은혜의 나라가 이루어졌다고 생각하지 않으시기 때문에 모든 신자가 모든 일에서 그의 뜻에 절대적으로 복종할 때까지 이 기도를 하게 하십니다. 그러므로 하나님의 뜻을 이루는 것과 그의 나라가 완성되는 것은 구별됩니다. 이는 하나님 나라와 그 의가 다른 것과 같습니다. 그의 나라를 구하는 것은 하나님 나라의 완성을 구하는 것이며, 그의 의를 구하는 것은 하나님의 공의가 나타나기를 구하는 것입니다(마 6:33).

교리 1 하나님의 뜻이 신앙적으로 경건하게 행해질 때 하나님의 이름이 거룩해지며, 그의 왕국이 확장됩니다.

1) 하나님의 이름을 거룩하게 하거나 영화롭게 하는 경외심은 필연적으

로 그의 뜻에 대한 순종을 수반하기 때문입니다.
2) 우리가 하나님의 뜻에 복종하는 바로 그 일로 우리는 우리 영혼과 생명을 주관하시는 하나님께 큰 영광을 돌리는 것입니다.
3) 하나님의 나라는 우리가 하나님의 뜻을 행함으로써 우리 안에 있게 됩니다. 하나님의 위엄과 지위가 우리 안에 있고 그의 보좌가 우리 마음에 강력하게 세워집니다.

이 규칙에 따라 우리는 하나님의 이름과 왕국에 대한 우리의 사랑과 관심의 여부를 판단할 수 있습니다.

교리 2 계시된 하나님의 뜻이 우리 삶의 법칙이 되어야 합니다.
이것은 청원의 내용에 따른 것입니다.

1) 하나님의 뜻은 율법이기 때문에 부분적으로는 우리 마음에 기록되고 부분적으로는 성경에 계시되었습니다. 이는 우리가 그 뜻대로 행하게 하려는 것입니다.
2) 그 안에는 하나님의 형상을 우리에게 각인하고 우리의 삶을 신성하게 만드는 모든 완전함이 있기 때문입니다.
3) 이 뜻에 따라 행하시는 하나님은 금생과 내생에서 모든 보상과 형벌을 분배하고 처분하시기 때문입니다.

우리는 하나님의 뜻에 일치하지 않는 모든 것과 우리의 육신적인 의지와 정욕을 부인해야 합니다. 그리고 우리의 의지와 이 세상의 정욕에 반대하여 하나님의 뜻에 우리 자신을 일치시켜야 합니다.

교리 3 그분의 뜻에 따라 우리가 무엇이든 원하고 행할 수 있게 하시는 분은 하나님이십니다.

이것이 우리가 하나님께 구하는 바로 그것이기 때문입니다.

1) 참으로 선하며 하나님을 기쁘시게 하는 영적인 일은 우리 스스로 할 수 없습니다.
2) 하나님의 선하신 뜻에 대항하여 싸우는 것들이 우리 안팎에 너무 많기 때문입니다. 그러므로 하나님께서 우리에게 그분의 뜻을 행하게 하시지 않고 우리에게 이 마음을 주시지 않으면, 우리는 결코 그것을 할 수 없습니다.
3) 하나님은 모든 선에 대해 모든 영광을 받으셔야 합니다. 하나님이 모든 선의 창시자요 선을 주시는 분이기 때문입니다.

우리는 겸손한 마음으로 전적으로 하나님을 의지하는 법을 배워야 합니다. 선한 것을 원하고 행하는 것을 하나님에게서 받을 수 있도록 하십시오(빌 2:13).

교리 4 하나님의 뜻을 행함에 있어서 우리는 천국과 천사와 같은 완전함을 향해 분투하고 노력해야 합니다.

이것이 하늘에서 이루어진 것 같이 땅에서도 이루어지기를 바란다고 청원하는 이유입니다.

1) 이것이 우리가 지향하는 완전함을 위해 우리의 불완전함을 돕는 최선의 방법이기 때문입니다.
2) 우리는 천국에 있는 복된 영혼들과 같은 공동체의 교제에 부름을 받았기 때문에 그들을 본받기를 힘써야 합니다.
3) 우리는 그들과 같은 행복과 영광을 추구하기 때문입니다. 그러므로 우리는 동일한 거룩함을 따라야 합니다.

우리는 성경에서 천사들의 순종에 특별한 속성으로 부여되는 모든 성실함과 온전함을 가지고 하나님께 순종하기 위해 늘 노력해야 합니다.

49번째 주일

주기도문의 넷째 간구는
무엇을 구하는 것입니까?

마태복음 6장 11절
오늘 우리에게 일용할 양식을 주시옵고.

이 청원은 현재 우리 삶에 필요한 것들을 구하는 것입니다. '양식'은 육체의 생명을 유지하고 위로하는 모든 것을 의미합니다. 이 필요에 대해 우리는 겸손히 하나님을 바라보아야 합니다. 하나님은 우리에게 없는 것을 거저 주실 뿐만 아니라 우리가 가진 것을 계속하여 의롭게 사용하도록 행하십니다. 하나님이 주신 것들을 사용하고 열매를 맺는 것은 하나님의 축복에 의한 것입니다.

양식은 물리적으로 삶을 유지하게 하는 것으로서 '일용할 양식'이라고 불립니다. 즉, 그것은 우리가 날마다 사용하는 데 적합한 것입니다. 우리에게 필요한 것을 주시는 하나님은 오늘날에도 주신다고 설명되어 있습니다. 즉, 지금 우리가 필요로 할 때입니다. 그리고 그 대상은 특히 믿음의 가정에 속한 '우리'에게입니다.

이 청원은 첫 번째 청원에 의존되어 있습니다. 이 삶의 모든 안락함은 다른 방식으로 사용되어서는 안 됩니다. 그것들은 하나님의 이름을 거룩하게 하거나 그분을 영화롭게 하는데 필요한 도구이기 때문입니다. 이것은 또한 앞의 세 번째 청원에 달려 있습니다. 우리는 이생의 필수품을 통해 하나님의 뜻을 행하는 데 적합하게 되어 하늘의 거룩한 천사들이 순종한 것과 같이 이 땅에서 하나님의 뜻을 순종할 수 있도록 준비해야 하기 때문입니다.

교리 1 이생의 필수품은 이 땅에서 원하고 구해야 합니다. 그것들을 통해 우리는 하나님의 뜻을 행하고 그분의 이름을 영화롭게 하는 데 더 적합해집니다.

1) 만물은 마땅히 있어야 할 최후의 목적인 하나님의 영광을 가리키기 때문입니다.
2) 우리가 외적으로 선한 것을 받을 때 그 안에 있는 모든 선한 것을 얻기 때문입니다. 동시에 우리는 우리에게 달라붙는 모든 악으로부터 우리 자신을 보호합니다.
3) 물질적 재물은 하나님의 축복의 결과와 표징으로 간주됩니다. 그리고 하나님의 사랑의 보증으로 받아들여지며, 좋은 영적 재물로 바뀌기 때문입니다.

이생의 재물을 육신적으로 구하고 육신적으로만 사용하는 세상 사람들은 책망받아야 합니다.

교리 2 이생에 필요한 모든 것은 큰 것과 작은 것을 막론하고 하나님이 거저 주시는 선물과 은혜입니다.

이것은 우리가 그것들을 구하고 하나님이 우리에게 주시는 방식에서 나옵니다.

1) 하나님은 천지 만물의 주이시기 때문입니다. 그러므로 피조물이 소유하거나 누리는 것은 무엇이든 하나님의 관대함에서 나온 것입니다.
2) 우리가 소유한 것 자체가 하나님께 달려 있기 때문입니다. 그로부터

우리가 열매를 얻고 사용하며, 유익을 얻습니다.

3) 하나님의 이 선물은 합당하지 않은 자들과 또한 합당하지 않게 그것을 사용하고 남용하는 자들에게도 주신다는 점에서 거저 주시는 풍성함입니다.

우리의 일용할 양식이나 한 조각의 빵에도 인간의 공로는 있을 수 없습니다. 이에 관해 거짓 주장을 하는 교황주의자들의 교리에 반대해야 합니다.

우리는 두 번째 원인에 우리의 신뢰를 두지 않고 외적인 일에 대해서도 오직 하나님만을 신뢰해야 합니다. 그러므로 우리는 이 세상의 것들에 대해서도 하나님께 모든 감사를 드려야 합니다. 특히 이러한 하나님의 선물을 남용하지 않도록 주의하고 그것을 주시는 하나님께 죄를 짓는 기회가 되지 않게 해야 합니다.

교리 3 우리는 하나님께서 우리에게 정하신 이생의 조건 중 최소한에 만족하며 살아야 합니다.

이것은 우리가 일용할 양식만 구하도록 가르침을 받았다는 점에서 알 수 있습니다. 잠언 30장 8절은 "곧 헛된 것과 거짓말을 내게서 멀리 하옵시며 나를 가난하게도 마옵시고 부하게도 마옵시고 오직 필요한 양식으로 나를 먹이시옵소서"라고 말씀합니다.

1) 우리는 하나님의 나라와 그 의를 구하는 것과 같은 마음으로 필요를 구하되 더 절제되고 낮은 마음으로 구해야 합니다.

2) 우리는 하나님께 구하는 것의 분량을 우리가 정하지 않고 하나님께서 주시는 대로 기뻐하며 만족해야 합니다.
3) 우리가 그에게서 받은 대로 그것을 만족스럽게 누리면, 그것은 우리에게 가장 큰 재물보다 더 큰 참된 선을 가져다줍니다.

우리는 세상의 일에 대한 지나친 관심과 염려를 멀리하고 우리 자신을 지켜야 합니다.

교리 4 하나님에 대한 우리의 신뢰와 우리의 필수품에 대해 드리는 기도는 날마다 새로워져야 합니다.

이것은 '오늘'이라는 단어에서 분명하게 나타납니다.

1) 하나님의 은혜와 축복이 필요하지 않은 날이 없기 때문입니다.
2) 우리를 향한 하나님의 축복이 날마다 새로워지므로 그를 향한 우리의 예배도 날마다 새로워져야 합니다.
3) 매일의 하루는 인간의 전 생애를 나타내는 그림을 가지고 있기 때문입니다. 그리고 우리는 우리가 다음 날까지 살 수 있을지 알 수 없습니다. 그러므로 날마다 이 의무를 수행해야 합니다.
4) 우리가 매일 그 의무를 새롭게 하고 매일 행하지 않으면, 그것을 소홀히 해서 잊어버리고 지나칠 위험이 있기 때문입니다.

매일의 이 기도를 소홀히 하거나 경시하는 사람은 책망을 받아야 합니다.

교리 5 우리는 우리 자신뿐 아니라 다른 모든 사람을 위해 기도해야 합니다.

본문 말씀은 '나에게' 주시기를 구하는 것이 아니라 '우리에게' 주시기를 구하라고 합니다.

1) 이것이 자비(charity)에 속하기 때문입니다.
2) 하나님의 은사를 맡은 선한 청지기의 도리이기 때문입니다.

도둑질과 강도질을 하는 자들만이 아니라, 인색하고 지나치게 아끼는 죄를 범하는 모든 자는 책망을 받아야 합니다.

50번째 주일

주기도문의 다섯째 간구는 무엇을 구하는 것입니까?

마태복음 6장 12절
우리가 우리에게 죄 지은 자를 사하여 준 것 같이 우리 죄를 사하여 주시옵고.

다음 두 청원은 영적 악, 즉 죄를 제거하는 문제를 다룹니다. 여기서 죄는 두 가지 방법으로 제거됩니다. 첫째, 범한 죄를 용서함으로써, 둘째, 죄를 짓지 않도록 보호함으로써입니다. 이 중 첫 번째는 다섯 번째 청원의 내용입니다. 두 번째는 여섯 번째이자 마지막 청원의 내용입니다. 다섯 번째에서는 청원이 제안되고 그 후에 확인됩니다. 이 탄원에서 죄는 주로 하나의 죄가 아니라 여러 죄가 서로 연결된 것으로 간주되기 때문에 부채라는 은유에 의한 개념 아래 있습니다. 부채에는 보통 구체적인 금액과 분량이 표시됩니다. 이러한 은유를 사용하는 이유는 법과 정의에 의해 우리가 하나님께 우리의 온전한 순종을 바쳐야 할 의무가 있기 때문입니다. 행할 의무의 일부를 생략하면, 우리는 율법에 따라 저주의 형벌을 받아야 합니다. 그러므로 죄는 빚이라고 불립니다. 이는 하나님께 대한 우리의 순종이 부족하기 때문입니다. 따라서 그들은 형벌을 받아야 할 의무가 있습니다.

우리는 죄를 지은 자에게 용서하는 것과 우리의 죄를 용서받는 것, 이 두 가지를 구합니다. 이는 우리 죄로 인한 형벌을 제거하기 위한 것입니다. 결과적으로 우리는 의로움과 양자 됨을 추구합니다. 이 청원은 삼단논법에 따른 것입니다. 다른 사람에 대한 우리의 용서와 자비에서 우리에 대한 하나님의 용서와 자비를 기대해야 하기 때문입니다. 즉, 적은 것에서 많은 것으로 나아갑니다. 하나님 안에 있는 자비와 조금도 닮은 점이 없는 우리가 다른 사람들의 잘못을 용서하면, 하나님은 당신의 무한하신 자비로 우리가 저지른 잘못을 훨씬 더 많이 용서해 주실 것입니다. 이 주장은 누가복음 11장 4-13절에 설명되어 있습니다. 하나님은 그의 자비로 우리의 죄를 용서하심으로써 그의 은혜와 축복의 방해물을 제거하시고 우리가 바라는 좋은 것을 주십니다.

교리 1 우리의 죄는 모든 악 중에서 가장 무거운 것입니다.

우리는 이 악을 절대적으로 제거하기 위해 기도하도록 가르침을 받았습니다.

1) 죄는 최고의 선과 가장 반대되기 때문입니다. 죄는 하나님의 뜻을 범하는 것이며, 하나님 자체를 반대하는 것입니다.
2) 우리의 가장 큰 완벽함을 망치기 때문입니다.
3) 죄는 우리에게 가장 큰 불행을 안겨주기 때문입니다.

우리의 죄를 올바르게 평가함으로써 우리는 죄와 그에 따른 다른 모든 악을 더욱 미워할 수 있습니다.

교리 2 죄는 가장 큰 빚을 지게 합니다.

따라서 죄를 부채라고 부릅니다.

1) 하나님의 법은 죄인이 고통의 형벌을 당하는 것인데, 그 고통은 일반적인 고통이 아니라 하나님의 진노와 저주로 말미암는 고통입니다.
2) 이 빚은 결코 우리가 갚을 수 있는 것이 아닙니다. 죄인이 무엇을 하든지 그것은 빚을 감소시키기보다 오히려 증가시키기 때문입니다.
3) 이 빚을 엄격하게 변제하도록 요구하는 하나님의 공의가 여전히 죄인들에게 있습니다. 이것이 그들 자신의 양심을 끊임없이 정죄하며, 위협합니다.

우리는 어리석은 안전 보장으로 그토록 무거운 죄의 빚을 소홀히 해서는 안 됩니다. 우리는 죄에서 자유로워지기 위해 모든 수단을 동원해야 합니다.

교리 3 그리스도 안에 있는 하나님의 자비는 우리의 모든 빚을 용서하고 탕감하기에 충분합니다.

여기에서 우리는 용서하시는 하나님의 자비로 나아가도록 가르침을 받습니다.

1) 하나님은 공의로우신 재판관이실 뿐 아니라 이 기도문의 서문에서처럼 자비로우신 아버지이시기 때문입니다.
2) 하나님은 그의 무한하신 지혜에 따라 그리스도 안에서 모든 것을 정하셨기 때문에 그의 공의와 거저 주시는 자비로 우리의 죄를 용서하실 수 있습니다.
3) 우리 안에 있는 죄가 비록 끔찍하지만, 하나님의 자비는 무한하시기 때문에 우리의 죄를 훨씬 능가합니다.

그러므로 우리는 온 마음을 다해 이 자비로 나아가서 그 안에서 머물고 안식해야 합니다.

교리 4 죄 사함은 믿음으로 죄를 고백하고 회개하며, 심령과 행위가 변화되는 것을 요구합니다.

이것은 이 청원의 성질에서 비롯됩니다.

1) 죄를 고백하고 미워하지 않는 한 아무도 자신의 죄가 완전히 없어지기를 간절히 바랄 수 없기 때문입니다.
2) 그렇지 않으면 그는 하나님의 자비를 결코 정당하게 바랄 수 없기 때문입니다.
3) 온전한 회개 없이는 아무도 하나님의 긍휼하심으로 죄 사함을 받을 자격이 없기 때문입니다.

자신의 죄를 자백하거나 인정하지 않으며, 죄를 심각하게 회개하지 않는 자들은 하나님의 자비를 기대할 수 없습니다.

교리 5 형제에 대한 자비와 사랑은 우리 자신에 대한 하나님의 자비와 사랑의 표시입니다.
우리가 빚진 자를 용서한다는 것의 의미가 바로 이것입니다.

1) 우리 마음에 부은 하나님의 긍휼과 사랑이 우리 안에서 형제를 긍휼히 여기게 하기 때문입니다.
2) 다른 사람에 대한 자비와 사랑은 하나님의 자비를 얻기 위한 가장 합당하고 적합한 방법이며 조건이기 때문입니다. 그래서 그것은 서로 묶여 있다고 선언됩니다. 마태복음 6장 14절에는 "너희가 사람의 잘못을 용서하면 너희 하늘 아버지께서도 너희 잘못을 용서하시려니와"라고 말씀합니다.
3) 다른 사람이 우리에게 가한 모든 상해와 잘못에 대한 용서는 우리에게 전달된 하나님의 특별하고 거저 주시는 자비에서 나온 것이기 때문입

니다. 이 은혜는 우리의 죄를 용서하신 하나님의 자비의 결과입니다.

우리 형제에 대한 증오와 원한을 마음속에 품고 있으면서 하나님의 자비를 기대하거나 확신하는 것은 우리 자신을 속이는 것입니다.

51번째 주일

주기도문의 여섯째 간구는 무엇을 구하는 것입니까?

마태복음 6장 13절
우리를 시험에 들게 하지 마시옵고 다만 악에서 구하시옵소서.

이 청원에서 문제는 인간을 지배하는 것과 관련된 죄와 악입니다. 죄의 지배에 관하여 우리는 먼저 "시험에 들게 하지 마시옵고"라는 청원을 하고 그다음으로 우리를 구원해 달라고 합니다. 이 탄원에서 우리는 악의 이중적 원인에 대항하여 기도합니다. 첫 번째는 죄의 원인인 마귀의 유혹, 또는 우리에게 죄를 짓도록 유혹하는 마귀입니다. 우리는 마귀의 유혹에 설득되어 죄에 빠지게 됩니다. 이 청원에서 살펴보는 또 다른 원인은 죄 자체와 죄를 짓게 하는 유혹입니다. 마귀는 죄의 주관자이며 명령자입니다. 그러나 죄에는 뒤따르는 형벌이 있습니다.

때로 하나님은 허용적 섭리에 따라 죄짓는 것을 허용하시고 그것에 따라 심판하십니다. 그래서 우리는 이 청원에서처럼 우리를 시험에 들게 하지 마시기를 기도하는 것입니다. 또한 우리가 이렇게 기도하는 이유는, 죄악이 우리를 유혹에 빠뜨릴지라도 그에 반대되는 하나님의 은혜가 우리를 유혹에서 건져내기 때문입니다.

교리 1 이전에 우리가 지은 죄는 전적으로 우리가 유혹에 빠져서 지은 것입니다.

우리는 먼저 죄의 용서를 구하고 다음으로 유혹과 악에서 건짐을 구해야 합니다.

1) 죄는 하나님에게서 멀어지는 것이기 때문에 우리가 죄를 지을 때 하나님이 자신과 그의 은혜를 우리에게서 돌이키는 것이 합당합니다.
2) 죄로 말미암아 우리는 죄의 종이 되고 죄를 짓게 하는 자의 종이 됩니다. 우리 자신이 선택한 주인에게 우리를 바치게 되는 것입니다.
3) 죄에 몰입할 때 우리는 죄에서 보호받을 수 있는 하나님의 은혜를 소홀히 합니다. 그러므로 우리는 그에게 버림받아 마땅합니다.

우리는 죄로부터 자신을 지키기 위해 더욱 주의해야 합니다. 매일 하나님께 우리의 죄에 대해 용서를 구하고 더 이상 죄와 유혹에 굴복하지 않도록 해야 합니다.

교리 2 누구든지 죄의 용서를 받거나 그것을 진지하게 구하는 사람은 장래에 죄짓지 않고 자신을 지키려는 소망과 참된 목적을 갖습니다.

1) 만약 그렇지 않으면, 그들은 진정으로 죄를 미워하지 않은 것입니다. 그러면 그들은 죄 사함을 받을 자격이 전혀 없으며, 합당하지 않은 존재임을 스스로 드러내는 것입니다.
2) 그렇지 않으면, 그들의 죄를 용서해 주신 하나님께 감사하지 않는 것이기 때문입니다.
3) 그들이 이전과 같은 상태로 돌아가려고 다시 스스로 결심한다면, 그 용서는 헛된 일이 될 것이기 때문입니다.

죄의 용서를 바라는 것처럼 보이지만, 죄에서 도망치려 하지 않는 사람들은 책망받아야 합니다.

교리 3 죄로부터 자신을 지키고자 하는 사람은 죄로 이끄는 모든 유혹과 기회로부터 자신을 지켜야 합니다.

그러므로 죄의 유혹에 대항하여 기도하라고 가르치신 것입니다.

1) 그러한 시험의 끝은 죄요, 죄에 따르는 고통이기 때문입니다.
2) 유혹이 너무 많고 미묘하며, 강력하기 때문에 주의를 기울이지 않으면 죄에 이끌리게 되기 때문입니다.
3) 우리는 스스로 죄의 길로 이끌리고 유혹에 넘어가며, 우리 자신의 영혼을 유혹하는 자에게 넘겨주려고 기울어지기 때문입니다.

지나친 안전감과 담대함으로 여러 가지 죄의 유혹에 무모하게 자신을 노출시키는 사람들은 책망받아야 합니다. 우리는 할 수 있는 한 유혹을 현명하게 피해야 합니다. 또한 그럴 수 없는 곳에서는 강력하고 용감하게 물리쳐야 합니다.

교리 4 하늘에 계신 우리 아버지는 자신의 기쁘신 뜻에 따라 우리의 유혹을 처리하십니다.

본문에는 우리를 유혹에 빠지게 하거나 유혹에 빠지지 않게 하시는 분이 제시됩니다.

1) 하나님께서 그분의 섭리로 모든 유혹을 조정하고 측정하시기 때문입니다.
2) 우리가 당하는 유혹에 대항하여 우리 영혼을 강건하게 하시는 것이 그분께 달려 있습니다.
3) 유혹에 따라오는 결과는 필연이든 우연이든 하나님께 달려 있습니다.

고린도전서 10장 13절 말씀은 "사람이 감당할 시험 밖에는 너희가 당한 것이 없나니 오직 하나님은 미쁘사 너희가 감당하지 못할 시험 당함을 허락하지 아니하시고 시험 당할 즈음에 또한 피할 길을 내사 너희로 능히 감당하게 하시느니라"고 합니다. 이 말씀은 유혹을 당하는 우리에게 위로를 줍니다.

우리가 이런저런 유혹에 빠지지 않도록 하시는 하나님께 감사해야 합니다. 이것이 우리 자신의 힘과 지혜로 되지 않고 하나님의 은혜로 되기 때문입니다. 우리는 하나님께서 많은 죄인을 여러 가지 유혹에 빠뜨리실 때 그들에게 행사하실 하나님의 심판에 대한 두려움과 떨림으로 주께 기도해야 합니다.

교리 5 하나님께서 그들을 악에서 구하시고 유혹에 빠지지 않게 하시는 것은 하나님 자신의 유익을 위한 것입니다.

이 청원에서 "우리를 시험에 들게 하지 마시옵고 다만 악에서 구하시옵소서"라고 이중적으로 동일한 간구를 하는 이유는 하나님께 더욱 간절하게 구하기 위한 것입니다.

1) 사람이 유혹을 받아 시험에 빠질 뿐 아니라 시험하는 자의 뜻을 따라 그 안에 얽매이게 될 때 마귀와 죄에 사로잡히게 됩니다.
2) 시험의 세력이 너무 강한데 우리의 본성은 미련하고 속기 쉬워서 우리는 이 시험의 악에서 빠져나올 수가 없습니다. 그래서 하나님께서 건지시는 것입니다.
3) 하나님은 모든 사람을 구원하지 않으십니다. 그의 공의로운 심판으로 많은 사람이 유혹에 빠지도록 허용하십니다.

우리는 죄의 치명적인 악에 대항해야 합니다. 우리는 이 악으로부터의 구원을 위해 하나님께 전적으로 의존하고 그에게 영광을 돌려야 합니다.

52번째 주일

주기도문의 마지막에 있는 찬양은 무엇을 의미합니까?

마태복음 6장 13절
나라와 권세와 영광이 아버지께 영원히 있사옵나이다 아멘.

이것은 주기도문의 결론입니다. 여기에는 두 가지 내용이 들어 있습니다. 앞선 모든 청원에 관한 확인과 이러한 청원을 하나님이 들으시도록 하는 우리의 애정의 의무입니다. 청원의 확인은 하나님께서 우리의 청원을 들으시는 것에 대한 확신을 강화하기 위해 하나님의 권위와 주권을 찬양하는 것입니다. 하나님은 자신의 뜻에 따라 모든 것을 분배하고 처분하실 수 있는 권리와 권위를 가지고 계십니다. 이것은 하나님의 나라라고 불립니다. 그 나라가 하나님의 것이기 때문입니다. 또 하나님의 권세는 옳은 일을 행하실 수 있는 그의 능력입니다. 즉, 하나님은 기뻐하시는 모든 것과 원하시는 모든 것을 행하시는 분입니다. 그리고 하나님은 자신의 영광을 위해 이 일을 행하십니다. 이 모든 일은 하나님이 지금 행하시는 것일 뿐 아니라 영원히 행하시는 것입니다. 마지막으로 '아멘'은 우리의 애정의 의무로서 환호하는 말입니다.

교리 1 하나님의 이름에 대한 찬양이 함축되어 있지 않은 상태에서 하나님께 탄원이나 기도를 드려서는 안 됩니다.

이것은 청원의 매우 간단한 패턴입니다. 하나님의 이름에 대한 엄숙한 찬양이 순서에 따라 결합되어 앞의 모든 청원을 확인합니다.

1) 하나님을 예배할 때 우리가 바라보고 귀히 여겨야 할 것은 하나님의 이름의 영예이기 때문입니다.
2) 범사에 하나님께 영광을 돌리는 것이 우리가 구하는 것을 얻는 가장 강력한 동기이기 때문입니다.
3) 그것이 예배의 주된 부분이기 때문입니다.

자신의 필요에 몰두해서 하나님의 이름을 합당하게 찬양하는 것과 하나님께 영광을 돌리는 것을 소홀히 하는 자는 책망받아야 합니다.

주님이 가르쳐주신 이 기도에서 우리가 목표로 삼아야 하는 유일한 것은, 하나님의 영광이 모든 예배의 알파와 오메가이자 그분을 올바르게 섬기는 시작과 끝으로서 처음과 마지막 자리를 차지해야 한다는 것입니다. 첫 번째 청원이 그분의 이름을 거룩하게 하고 영화롭게 하는 것이었으며, 마지막 결론도 같은 영광으로 그분을 찬양하는 것이기 때문입니다.

교리 2 우리의 기도에서 하나님의 무한한 주권과 권능과 영광을 우리 눈앞에 두는 것은 우리의 믿음을 강하게 하고 확증하는 데 큰 도움이 됩니다.

나라와 권세와 영광이 하나님의 것이기 때문입니다.

1) 이를 통해 우리는 올바르고 정당한 질서가 요구하는 바에 따라 하나님께 기도하며, 모든 선한 것을 구할 수 있기 때문입니다. 하나님 자신의 영예와 영광이 요구하는 대로 이 모든 것을 분배할 절대적인 권리

와 능력을 오직 그분만이 가지시기 때문입니다.
2) 이로부터 그분이 우리의 기도를 들으실 것이라는 확신을 가질 수 있기 때문입니다. 그리고 그것을 원한다는 것은 그분의 영광에 속합니다.
3) 이로부터 우리는 어떤 목적과 방식으로 우리가 원하는 것의 성취를 바라보아야 하는지를 배우기 때문입니다. 하나님은 왕국과 만물에 대한 주권을 행사하시는 자신의 지혜와 능력에 따라 자신의 이름을 가장 영화롭게 할 수 있는 방식, 하나님께서 좋게 여기시는 방식으로 일하십니다.

우리는 기도할 때 유행을 따르는 것이 아니라 신앙적인 성찰과 의도에서 하나님의 칭호를 사용하며, 우리 마음의 풍요로움으로 더 강력한 기도가 될 수 있도록 해야 합니다.

교리 3 우리의 믿음과 기도를 지탱하는 모든 것은 영원하신 하나님에게서 온 것입니다.

'영원히'라는 말에서 우리의 믿음과 기도를 지탱하는 모든 것이 영원하신 하나님 안에 있다는 것을 알 수 있습니다.

1) 이로써 하나님은 우리와 그 이름을 부르는 모든 자에게 세상의 시작부터 지금까지 동일하게 나타나십니다.
2) 하나님이 우리에게 선을 행하지 않으실 때도 그분은 여전히 영원토록 우리의 하나님으로 남아 계실 것입니다.

우리는 영원이라는 이 신성한 속성을 올바르게 사용해야 합니다.

교리 4 기도하는 동안, 그리고 특히 기도를 끝낼 때 우리는 간절한 소망과 믿음과 애정을 담아 힘을 다해 간구해야 합니다.

'아멘'이라는 말씀이 이것을 가르쳐 줍니다.

1) 이 말씀이 우리 기도의 끝에 마치 완결을 의미하는 마침표처럼 있기 때문입니다. 마지막에는 우리의 믿음과 애정과 양심과 소망의 온전함을 발휘해야 합니다.
2) 자연스럽고 친절한 움직임은 끝으로 갈수록 더 강해지고 빨라집니다. 그렇지 않고 처음에는 화려한데 끝으로 갈수록 약해지는 경우 잘못된 근거에 의해 강제되었거나 구성되었다는 표시이며, 이는 끝까지 지속되지도 친절하지도 않을 것입니다.
3) 기도가 끝날 때 우리의 애정은 이전보다 배가되어야 하며, 애정의 힘을 다시 모아서 행동으로 옮겨야 하기 때문입니다.
4) 이 방법으로 우리는 전체 기도를 두 번 반복하는 것이며, 우리의 모든 청원을 각자의 소망과 애정을 가지고 순서대로 하나씩 제안하는 것이기 때문입니다. 그 후에 우리는 그것들이 모두 우리에게 주어질 수 있도록 열심히 노력합니다. 그래서 우리의 간절함에 따라 그렇게 되리라고 확신하는 것입니다.

이 일에 태만한 사람들은 책망받아야 합니다. 우리는 우리의 애정이나 강한 소망을 나타내기 위해 '아멘'을 말해야 합니다. 사도가 증거하고 말한 바와 같이 고대의 모든 그리스도인은 아멘을 말하도록 가르침을 받았고 그것을 실천했습니다(고전 14:16).

윌리엄 에임스의
기독교 신앙의 정수

사명선언문

너희가 흠이 없고 순전하여……세상에서 그들 가운데 빛들로
나타내며 생명의 말씀을 밝혀 _ 빌 2:15-16

1. 생명을 담겠습니다
만드는 책에 주님 주신 생명을 담겠습니다.
그 책으로 복음을 선포하겠습니다.

2. 말씀을 밝히겠습니다
생명의 근본은 말씀입니다.
말씀을 밝혀 성도와 교회의 성장을 돕겠습니다.

3. 빛이 되겠습니다
시대와 영혼의 어두움을 밝혀 주님 앞으로 이끄는
빛이 되는 책을 만들겠습니다.

4. 순전히 행하겠습니다
책을 만들고 전하는 일과 경영하는 일에 부끄러움이 없는
정직함으로 행하겠습니다.

5. 끝까지 전파하겠습니다
모든 사람에게, 땅 끝까지, 주님 오시는 그날까지
복음을 전하는 사명을 다하겠습니다.

서점 안내

광화문점	서울시 종로구 새문안로 69 구세군회관 1층 02)737-2288 / 02)737-4623(F)
강남점	서울시 서초구 신반포로 177 반포쇼핑타운 3동 2층 02)595-1211 / 02)595-3549(F)
구로점	서울시 동작구 시흥대로 602, 3층 302호 02)858-8744 / 02)838-0653(F)
노원점	서울시 노원구 동일로 1366 삼봉빌딩 지하 1층 02)938-7979 / 02)3391-6169(F)
일산점	경기도 고양시 일산서구 중앙로 1391 레이크타운 지하 1층 031)916-8787 / 031)916-8788(F)
의정부점	경기도 의정부시 청사로47번길 12 성산타워 3층 031)845-0600 / 031)852-6930(F)
인터넷서점	www.lifebook.co.kr